L'Écrivain
migrant

Essais sur des cités
et des hommes

Du même auteur

Essais, critique :
Le Réel et le théâtral, Éditions Hurtubise HMH, Montréal, 1979 ; Éditions Denoël (coll. « Les lettres nouvelles ») Paris, 1971. *Prix France-Canada*, 1971.
Realty and Theatre (Trad. anglaise de Alan Brown), House of Anansi, Toronto.
La Mémoire et la promesse, Éditions Hurtubise HMH, Montréal, 1978 ; Éditions Denoël, Paris, 1979.
Écrivains des Amériques, Tome I. « Les États-Unis », 1972 ; Tome II. « Le Canada anglais », 1976 ; Tome III. « L'Amérique latine », 1980.
Le Désir et le pouvoir, Éditions Hurtubise HMH, Montréal, 1983.
Le Repos et l'oubli (essai), Éditions Hurtubise HMH, Montréal, 1987 ; Éditions Les Méridiens-Klinksieck, Paris, 1987.
Le Père (essai), Éditions Hurtubise HMH, Montréal, 1990.
La Réconciliation (essai), Éditions Hurtubise HMH, Montréal, 1993.
Portraits d'un pays, Hexagone, Montréal, 1994.
Culture – alibi ou liberté? (essai), Éditions Hurtubise HMH, Montréal, 1996.
Idoles et images (essai), Éditions Bellarmin, collection « l'Essentiel », Montréal, 1996.
Figures bibliques (essai), Éditions Guérin littérature, Montréal, 1997.
Les Villes de naissaince (essai), Éditions Leméac, Montréal, 2001.

Théâtre :
La Discrétion et autres pièces, Éditions Leméac, Montréal, 1974.

Romans, nouvelles :
Dans le désert (nouvelles), Éditions Leméac, Montréal, 1974.
La Traversée (nouvelles), Éditions Hurtubise HMH, Montréal, 1976.
Le Rivage (nouvelles), Éditions Hurtubise HMH, Montréal, 1979 ; Éditions Gallimard, Paris, 1981.
Le Sable de l'île (nouvelles), Éditions Hurtubise HMH, Montréal, 1979 ; Éditions Gallimard, Paris, 1981.
La Reprise (nouvelles), Éditions Hurtubise HMH, Montréal, 1985.
The Neighbour (recueil de courtes nouvelles traduites du français par Judith Madley), McClelland & Stewart, Toronto.
Adieu Babylone (roman), Éditions La Presse, Montréal, 1975 ; Éditions Julliard, Paris, 1976.
Farewell Babylon (trad. Anglaise de Sheila Fischman), McClelland & Stewart, Toronto.
Les Fruits arrachés (roman), Éditions Hurtubise HMH, Montréal, 1981.
La Fiancée promise (roman), Éditions Hurtubise HMH, Montréal, 1983.
La Fortune du passager (roman) Éditions Hurtubise HMH, Montréal, 1989.
Farida (roman), Éditions Hurtubise HMH, Montréal, 1991.
A.M. Klein (roman), Éditions XYZ, Montréal, 1994.
La Distraction (nouvelles), Éditions Hurtubise HMH, Montréal, 1994.
La Célébration (roman), Éditions Hexagone, Montréal, 1997.
L'Amour reconnu (roman), Éditions Hexagone, Montréal, 1998.
Le Silence des adieux (nouvelles), Éditions Hurtubise HMH, Montréal, 1999.
L'Anniversaire (roman), Québec Amérique, Montréal, 2000.

NAÏM KATTAN

L'Écrivain
migrant

Essais sur des cités et des hommes

Collection Constantes

Données de catalogage avant publication (Canada)

Kattan, Naïm, 1928-

L'écrivant migrant : essais sur des cités et des hommes
(Collection Constantes)

ISBN : 2-89428-518-3

1. Multiculturalisme. 2. Multiculturalisme – Québec (Province) –
Montréal. 3. Valeurs (Philosophie). 4. Modernité. 5. Relations humaines.
I. Titre. II. Collection.

HM1271.K37 2001   306.44'6   C2001-940360-7

Les Éditions Hurtubise HMH bénéficient du soutien financier des institutions
suivantes pour leurs activités d'édition :

– Conseil des Arts du Canada ;
– Ministère du Patrimoine du Canada ;
– Société de développement des entreprises culturelles au Québec (SODEC) ;
– Programme de crédit d'impôt pour l'édition de livres du gouvernement du
  Québec.

Maquette de la couverture : Olivier Lasser

Composition et mise en pages : PAGEXPRESS

Éditions Hurtubise HMH ltée
1815, avenue De Lorimier
Montréal (Québec) H2K 3W6
Tél. : (514) 523-1523
Téléc. : (514) 523-9969
edition.litteraire@hurtubisehmh.com

DISTRIBUTION EN FRANCE:
Librairie du Québec / DEQ
30, rue Gay-Lussac
75005 Paris
France
liquebec@noos.fr

ISBN 2-89428-518-8

Dépôt légal : 2ᵉ trimestre 2001
Bibliothèque nationale du Québec
Bibliothèque nationale du Canada

Imprimé au Canada

www.hurtubisehmh.com

TABLE DES MATIÈRES

L'ÉCRIVAIN MIGRANT

En 1959, cinq ans après mon immigration au Canada, je demandai selon la loi de l'époque la citoyenneté canadienne. Afin de connaître le pays qui allait être le mien, j'ai pris le train de Montréal jusqu'à Victoria et, pendant six semaines, je m'arrêtai en cours de route, dans diverses villes : Ottawa, Toronto, Winnipeg, Regina, Saskatoon, Calgary, Edmonton, Vancouver. Je sollicitais des interviews auprès des représentants de divers groupes ethniques et, ayant choisi le français comme langue d'expression, faisais plus amplement connaissance avec les minorités canadiennes-françaises, afin de préparer une série d'émissions radiophoniques pour la Société Radio-Canada où je ferais part de mes découvertes et de mes réactions.

Voyage mémorable ! J'ai d'abord senti physiquement le pays. C'était le début de l'hiver. Les Prairies s'étendaient, un vaste espace de neige, jalonné, çà et là, de hameaux, de silos à grains. Ce fut ensuite la traversée des montagnes Rocheuses, et enfin, l'accès à l'océan. Une nature souveraine dans sa diversité, où l'homme se fraye un chemin dans l'obstination et la solitude.

Les villes surgissaient d'un espace sans frontières et sans limites, miracles du travail, de l'acharnement de l'homme, entreprise démesurée, défi à un territoire quasi abstrait qui se répétait perpétuellement, à l'infini. Comme par surprise, des maisons en bois, de hauts édifices en béton attestaient la réussite, le couronnement de l'effort, le triomphe de l'homme qui imprime sa présence.

L'histoire de ce pays m'apparaissait alors comme la conquête d'un espace impossible, mais aussi, dans différentes régions, à la fois comme une lutte et une alliance avec les premiers habitants, les premiers immigrants inuits et amérindiens, venus des steppes de l'Asie, traversant les plaines et franchissant les montagnes et les détroits. Bref, cette terre était un domaine apprivoisé de siècle en siècle par diverses masses d'immigrants. Depuis ces temps immémoriaux, l'homme d'ici a appris à vénérer une nature dont il avait peur, à la défier, à lutter contre sa dureté ou à établir une alliance avec elle.

Au cours de ce périple, j'ai fait la connaissance des Doukhobors, des Ukrainiens, des Hutterites, des Métis, des Allemands, des Islandais, des Juifs et évidemment des Canadiens français, des Écossais, des Irlandais. Vaste étendue, ouverte à tous les vents, où, ici et là, en ordre dispersé, des groupes s'agglomèrent, cherchent, dans des rues souvent encombrées, une chaleur où la parole est facile, surtout quand elle est échangée dans les langues de l'origine.

J'ai souvent eu l'impression que des groupes humains ont été jetés par hasard, par une volonté qui les dépassait, dans un espace désert. Que de bras, que de sueurs ne fallait-il pas pour le transformer en champs de blé. Répondant à l'appel d'une promesse, à l'attente de sa réalisation, des milliers de pauvres, de démunis avaient quitté leurs contrées pour se retrouver dans cette terre en friche qui appartiendrait à ceux qui sauraient y planter la vie, qui auraient la volonté de la faire fructifier.

Une autorité y était installée, qui imposait ses règles. L'occupation du territoire s'est faite sous l'œil vigilant de l'ordre et, après des luttes, des batailles de conquête, on signait des traités avec les premiers occupants. L'autorité installait sa police et sa langue établissait l'ordre, mais aussi les liens entre diverses communautés éparses.

Il n'est pas surprenant que les écrivains décrivent la population canadienne comme un ensemble de migrants. On peut remonter à Susanna Moodie et Catherine Parr Traill, deux sœurs, nées au début du XIXe siècle à Londres. Installées en Ontario à la suite de leurs mariages en 1830, elles décrivent les épreuves de l'acclimatation britannique dans cette Amérique non encore apprivoisée. Je peux aussi parler des Écossais établis au Manitoba, évoqués par Margaret Laurence, de la sensibilité irlandaise transmise par Brian Moore.

Le migrant n'est ni un errant ni un nomade. Pour faire de l'espace épars une terre habitée, ceux qui ont peuplé le Canada ont adopté des règles, légiféré, insufflé à leur action un esprit. Les Canadiens français que mettent en scène Léo-Paul Desrosiers et Félix-Antoine Savard remplissent une mission : faire entendre la parole divine, la voix du Christ.

Dès ses débuts, la littérature canadienne-anglaise est une littérature de migrants. Les premiers écrits de Moodie et de Traill ont eu des suites jusqu'à nos jours. Romanciers et poètes ont exprimé la vie des groupes. George Ryga ne s'est pas contenté de faire vivre les Ukrainiens dont il est issu mais, comme dramaturge, il s'est identifié aux Amérindiens, créant l'inoubliable figure de Rita Joe. S'inspirant de l'histoire biblique de la ligature d'Isaac, Adele Wiseman a évoqué les épreuves des immigrants juifs au Manitoba. Un autre Juif, le poète Eli Mandel, a chanté le ciel d'Erivan en Saskatchewan, ce qui ne lui a pas fait oublier la destruction des communautés juives en Europe. D'autres écrivains juifs ont aussi dit leur origine, leur culture tout en évoquant leur nouveau pays. En cela, Montréal fut un lieu privilégié. A. M. Klein, auteur d'une œuvre significative, a même tenté d'écrire des poèmes en trois langues, l'anglais, le français et le yiddish. Roman après roman, Richler décrit les rues de son enfance et Leonard Cohen, à partir de la figure de Tekatwita, a voulu faire vivre les mythes fondateurs du Canada.

On sait que, pendant la Deuxième Guerre mondiale, les Japonais du Canada furent placés dans des camps sans avoir commis d'autre crime que d'être originaire d'un pays avec lequel le Canada était en guerre. Joy Kogawa a raconté leurs tribulations. On sait aussi que le gouvernement canadien leur a présenté des excuses.

Aussi, pendant tout un siècle, les lettres canadiennes-anglaises apparaissent comme des écrits de migrants. Parlant de cette littérature, Northrop Frye l'a décrite comme caractérisée par un esprit de garnison. Il ne se référait pas spécifiquement aux textes des migrants. Qu'ils soient originaires des îles britanniques ou d'ailleurs, chacun des groupes s'entoure de murs protecteurs et il en résulte un enfermement. Chaque groupe sait que les autres groupes habitent à côté, sont ses voisins. On les craint, on les redoute, on les ménage ou on les repousse. Ils représentent une menace à la cohésion interne que chaque groupe cherche à préserver.

L'ouverture à l'autre semble porteuse de risques, surtout si l'autre est manifestement différent. En s'assimilant à un ensemble, on craint de se dissoudre et de disparaître. Si le danger ne semble pas toujours aussi présent, il n'en reste pas moins un risque de contamination par des éléments hétérogènes, et perte de la pureté des traditions.

Se sentant étouffées, les jeunes générations font montre de leur dynamisme en désertant les rangs du groupe d'origine sans réussir à rompre tout lien avec lui, ni même à le vouloir. De sorte que tout migrant, et on peut aller jusqu'à dire tout Canadien, se trouve tiraillé entre une ouverture, fût-ce au risque de disparaître, et une autoprotection qui prend parfois les formes d'une oppression ou du moins d'un refoulement.

La littérature canadienne-française n'a pas suivi un chemin foncièrement différent. Secoués par une défaite militaire et politique, les descendants des Français — le premier et le plus ancien groupe de migrants européens — ont, au cours des siècles, su forger des outils pour sauvegarder leur spécificité : la terre, l'Église, puis la langue et l'État. Au départ réfractaire à tout changement, le peuple de *Maria*

Chapdelaine de Louis Hémon et du *Survenant* de
Germaine Guévremont a mis au point des instruments d'autoprotection. Ainsi, la religion était une
sauvegarde dont les interdits et les rituels pouvaient
finir par se transformer en carcan, mais c'était aussi
une dimension de l'être, un élément de civilisation
que les fils de paysans et de coureurs des bois ont
entrepris de transmettre à une Amérique matérialiste
qui était, croyaient-ils, en attente d'un tel message.

Plus tard, dans l'œuvre de Roger Lemelin, de
Gabrielle Roy, d'Yves Beauchemin en passant par
Claire Martin, l'étranger apparaît comme la figure de
l'ouverture, de l'hétérogénéité mais aussi de la malice
et de la menace. Dans cette littérature naissante, les
étrangers étaient admis à condition qu'ils fussent
Français, Belges et surtout catholiques. De Marie
Lefranc à Michel Van Schendel, de Deyglun à
Rumilly, on acceptait ces renforts.

Yves Thériault fut le premier à introduire systé-
matiquement des figures étrangères au groupe,
Aaron, Ashini… un défilé de Juifs, d'Amérindiens,
d'Inuits, d'Espagnols, d'Italiens. Des hommes et des
femmes qui vivaient à côté, qu'on regardait passer,
qu'on observait et dont, pour la première fois, on se
rendait compte que, malgré leurs différences, ils
étaient des proches, des semblables. La curiosité cède
alors la place à l'intérêt. Les ressemblances sont frap-
pantes. Ces étrangers ne sont pas totalement hétérogènes. On ne les accueille pas encore à bras ouverts,
mais on les suit avec sympathie. Aussi, l'étranger n'est
plus étrange : il s'était installé au cœur de la cité.

Si au Canada anglais l'écrivain migrant s'inscrit
dans une continuité, c'est que le cordon ombilical

avec l'Europe, et plus précisément avec la Grande-Bretagne, avec l'Empire, n'a jamais été coupé ou rompu. Il s'est dissous graduellement, quasi imperceptiblement. Chez Robertson Davies et George Johnston, on peut encore percevoir clairement cette continuité qui, dans les deux cas, s'étend à l'Europe, à Jung chez Davies et aux sagas scandinaves chez Johnston.

Simultanément, l'influence des États-Unis a, quasi naturellement, remplacé celle de la Grande-Bretagne. Tout en transmettant ses modalités d'administrer, de gouverner, Londres cédait le pas à l'envahissement d'une technologie sans frontières et d'un mode de vie quotidien qui s'étendent, dominent sans rencontrer de résistance. Le Canada a profité de la proximité des États-Unis en en intégrant, sans en payer le prix, les instruments matériels de confort et de bien-être. Grâce à nos riches ressources, nous avons pu adopter, conquérir les avantages du modernisme matériel mis sur pied par nos voisins. Grâce à la présence des États-Unis à nos frontières, nous avons atteint, sans nous essouffler, un niveau de vie avancé. Cela ne s'est pas effectué sans résistance et il suffirait, pour cela, de rappeler la farouche opposition des intellectuels canadiens-anglais au traité de libre-échange.

Cependant, l'influence des États-Unis dans les lettres canadiennes est on ne peut plus manifeste. En dépit de son opposition idéologique au géant voisin, Margaret Atwood appartient, aussi bien dans sa poésie que dans ses romans, à la tradition littéraire du continent américain et son œuvre est naturellement adoptée par nos voisins. Dans l'Ouest canadien,

George Bowering ressortit du mouvement de *Black Mountain*. Dans l'idéologie américaine, le migrant est appelé à couper ses liens avec la patrie d'origine et à participer à la création d'une nouvelle civilisation, à prendre en mains le cours de l'histoire. Alors que Henry James, recherchant le lien avec le vieux continent et la transition du passage à l'Amérique, faisait revenir ses personnages à Paris en tant qu'ambassadeurs, Mark Twain, tournant le dos à l'Europe, faisait explorer à Huckleberry Finn les rives du Mississippi et Walt Whitman chantait la terre nouvelle.

Le Québec n'est pas né d'une rupture mais d'une reprise. En s'affirmant comme Québécois, les Canadiens français nommaient leur territoire. Tournant la page, les enfants abandonnés par la mère patrie, nostalgiques d'un temps où celle-ci était encore fidèle à son passé religieux, habitaient désormais un pays et appartenaient à un territoire autre. Des poètes ont dit le pays et affirmé leur présence sur ce territoire : Jean-Guy Pilon, Gatien Lapointe, Paul-Marie Lapointe, Roland Giguère. Ce territoire est nord-américain et je me souviens du sourire de fierté et d'humilité de Gaston Miron quand il citait le critique français qui l'avait qualifié de Walt Whitman du Québec.

Désormais, il fallait assurer la continuité en ne comptant que sur ses propres ressources. Les rapports avec la France ont pris un tournant, s'étendant à l'ensemble de la francophonie. Le temps de la dépendance, de l'imitation, de la plainte et de la nostalgie est révolu. Il existe au Canada et au Québec une institution culturelle francophone qui permet d'établir des rapports d'échanges avec la France et avec les pays francophones. Finie l'époque où l'on s'inscrivait dans le sillage de Victor Hugo pour se doter d'un caractère, d'une personnalité. Désormais c'est ici, en terre d'Amérique, qu'on puise la richesse d'inspiration. On se dit et, de ce fait, on parle au monde. La langue est récupérée, reconquise, intégrée, non pas imitation, filiation, mais comme une réinvention. Du coup, l'étranger, au lieu d'être une menace, peut devenir un allié, un associé et mettre la main à la pâte.

Les Québécois se reconnaissent dans un territoire culturel réel, vivant, dans l'intégration de la technologie ouvrant la voie à un épanouissement culturel comprenant les arts et un mode de vie en perpétuelle réinvention. Ce sont les artistes, les écrivains qui exigent du consommateur qu'il participe à la création en l'accueillant sans passivité.

Au Canada anglais, les écrivains ne sont pas classés comme migrants du fait qu'ils sont venus d'ailleurs. Rohinson Mistry n'est pas renvoyé à l'Inde même quand il en parle, ni Michael Ondaatje à Sri Lanka même quand il s'agit du sujet d'un de ses livres, et Nino Ricci, né au Canada de parents italiens, n'a de lien avec l'Italie que dans la mesure où il en fait le thème de ses romans. Ce sont des écrivains anglophones du Canada, même si à l'étranger on les accole souvent à leurs pays d'origine. Phénomène on ne peut plus nord-américain. La littérature des États-Unis est faite de diversités culturelles, de minorités ethniques et religieuses. Saul Bellow, Bernard Malamud, Philip Roth sont Juifs, comme Richard Wright, James Baldwin et Toni Morrison sont Noirs. Et maintenant, des Américains installés au Canada font naturellement partie des lettres canadiennes : Jane Rule, Audrey Thomas, Carol Shields, Robin Blaser, Warren Tallman...

La littérature québécoise est née de l'affirmation des Canadiens français non seulement de leur survivance, de la survie de leur culture, mais surtout de la confiance qu'ils ont dans le présent et l'avenir. Ils sont les héritiers d'un patrimoine auquel ils sont aptes à insuffler un élan, à le vivre intensément et à s'y appuyer pour inventer un avenir.

Deux malaises surgissent. Faut-il assumer le passé dans sa totalité, y compris ses points noirs ou gris ? Les controverses entourant Lionel Groulx et plus récemment Maurice Duplessis démontrent que la réponse n'est pas simple. En outre, le rapport avec le passé pose un autre problème. Faut-il purger ce passé de tous les éléments qui peuvent devenir des obstacles et retarder la marche vers l'avenir sur une route tracée d'avance ? Les rapports avec les anglophones, et encore davantage avec les Amérindiens et les autochtones dans leur ensemble, peuvent faire ressortir les ambiguïtés et les contradictions du passé, sans mentionner les négativités. Cependant, un point me paraît autrement essentiel : à qui appartient ce passé ? Aux Canadiens français réincarnés dans les Québécois ? Ce groupe a appris, au cours des générations, à prévenir sa dissolution dans la masse anglophone de l'Amérique, de sorte que tout apport extérieur, hétérogène, semblait revêtir l'aspect d'une menace. D'où l'absence, jusqu'à récemment, de ce qu'on nomme aujourd'hui la littérature migrante. Certes Louis Hémon, Marie Lefranc, voire Rumilly sont des Français qui relient les Canadiens français à leur passé, définissent leur rapport avec le présent, fût-ce au détriment d'une reconnaissance de la terre nourricière, de l'espace américain qui renouvellent le rapport avec le temps. L'apparition des alliés venus de l'extérieur du groupe, de joueurs hétérogènes, fut d'abord une surprise. On pouvait toutefois accueillir ces groupes, ces individus disparates sans craindre une menace pour la cohésion du groupe. Un malaise subsiste, celui de redéfinir le présent à partir d'un passé qui n'appartiendrait plus uniquement au groupe et ne servirait plus à consolider son hégémonie.

Le Québécois francophone s'est mis à parcourir le monde à visage découvert, sans la nécessité d'une mission, sans excuse pour son accent ou son comportement. Il est un Nord-Américain, appartient à ses conditions au Canada, ne s'interroge plus sur son avenir mais sur la nature de celui-ci. La langue est un fondement de l'identité et la religion n'en est plus la gardienne. Langue qui relie à une histoire qu'on ne cesse de récrire. Que font alors le Haïtien, le Grec, le Brésilien, l'Irakien, le Libanais, le Chilien, qui, en choisissant de partager le territoire, sont devenus porteurs de cette langue qu'ils ont adoptée et assumée ? Ils ne peuvent toutefois pas assumer l'histoire, sauf s'ils la récrivaient. Ils partagent le destin des Québécois, dans la mesure où ils peuvent participer à sa construction.

Les Québécois francophones sont ainsi pris entre l'appel d'un passé qui comporte des contra-dictions, des ambiguïtés, des zones grises, et un avenir en mouvement qui ne présente d'autre certitude que celle qu'on découvre, forge, choisit. Le migrant fait partie de cette démarche. Il cherche son chemin avec les autres et, en même temps qu'eux, le découvre, le choisit. Dès lors, il n'est plus compagnon de passage ni corps hétérogène. Il participe au mouvement et à l'édification d'un destin commun. Certes, pour certains, sa voix continuera à paraître différente, étrangère, voire dérangeante ou saugrenue. Ceux-là chercheront à pousser le migrant dans des voies parallèles, dans des chemins de traverse. Pour d'autres, sa parole s'intégrera à un chant commun qu'elle enrichit par la diversité. Les voix communes s'allient dans l'incertitude et la volonté, sans distinction entre celles qui attestent de longues années d'efforts, de luttes, de reprises, d'hésitations et celles qui s'éprouvent en s'extériorisant et qui sont simultanément mises à l'épreuve.

Plus les Québécois sont assurés de leur langue, plus ils inventent leur parole et moins ils chercheront l'appui d'une tradition érigée en mythe qui conduirait à l'archaïsme et la régression. Ils ne renieront pas pour autant le passé, toutefois le monde en marche ne leur paraîtra plus comme une menace mais comme défi, promesse et merveille.

Sans disparaître, la qualification qu'on accole au migrant est transitoire, à moins que celui-ci ne choisisse lui-même le repliement, le retrait. Il sait toutefois que sa voix ne sera audible que s'il décide de la faire entendre et qu'on l'entendra plus attentivement dans la mesure où elle est distincte.

Dans l'accélération du mouvement, l'espace devient une façon de s'intégrer au temps. L'instant d'éternité prend le dessus sur l'intemporel. Pour parer à l'éphémère, le passage devient une ouverture sur l'avenir, l'espoir se conjugue avec l'attente pour donner l'impulsion à l'élan. Le migrant n'est plus dès lors un élément hétérogène qui menace ou dérange, mais la marque d'un mouvement universel où le Québec comme le Canada tout entier participent et donnent le signal du départ. L'écriture migrante, transitoire dans sa nature, n'est pas uniquement une phase, une étape, mais le signe d'une reprise, une dimension d'une littérature qui ne craint plus la disparition, la dissolution, qui ne s'entoure plus de précautions afin d'éviter toute altération, mais accepte tous les éléments d'un mouvement de création qui, par son dynamisme, est garant d'un avenir et manifestation d'une présence.

* * *

Dans son nouveau pays, l'écrivain migrant fait face à deux options : l'exil ou une deuxième naissance. Cela ne dépend pas que de lui. Ceux qui sont contraints de quitter leur pays, à moins d'y vivre dans le silence imposé ou d'être jetés en prison, traversent d'abord l'épreuve de l'exil forcé. Ils peuvent, après coup, choisir leur nouveau pays, décider d'y rester même si, les circonstances changeant, ils peuvent retourner dans leur pays d'origine. Je pense à deux écrivains tchèques : Milan Kundera et Josef Škvorecký. Quand Prague a retrouvé la liberté, l'un et l'autre ont décidé de rester dans leur pays d'adoption, Kundera à Paris et Škvorecký à Toronto. Demeure la langue. Kundera a choisi de changer la sienne, d'écrire directement en français, alors que Škvorecký opta pour la poursuite de son écriture en tchèque. Il est vrai qu'au cours des années d'exclusions prononcées par le régime communiste, en exil à Toronto, il publiait, en tchèque, dans une maison d'édition qu'il avait fondée à Toronto, les livres de Kundera, de Václav Havel, de Jiri Pelikan... De plus, l'espace canadien est devenu une dimension de ses propres écrits.

Le choix délibéré de l'exil peut conduire l'écrivain à transformer la terre d'origine en territoire mythique et, sous l'effet de la nostalgie, en monde onirique. Dans la littérature contemporaine, on a vu de grands écrivains assumer l'exil pour le dépasser. Chez eux, le changement de langue devient lui-même une dimension de l'universel. De Beckett à Nabokov, de Gombrowicz à Ionesco, on assiste à la présence, même quand elle est à peine perceptible, de la terre ancestrale ainsi qu'à la demeure présente qui s'emboîtent sans se confondre.

Je crois, quant à moi, que le choix d'accepter une deuxième naissance libère, engage et permet un nouveau départ. L'écrivain commence alors par nommer le lieu premier, le dire, l'affirmer afin qu'il ne devienne pas un arrière-plan, un élément voué à l'oubli ou à l'oblitération, mais qu'il demeure une dimension de sa place dans l'actuel, le présent. En ce qui me concerne, Montréal est ma ville. Elle comprend et intègre dans mon esprit Bagdad et Paris, de sorte qu'au cours de mes fréquents séjours à Paris, cette ville comprend une part de ma vie montréalaise.

Quand l'écrivain migrant refuse le déplacement de son espace, qui est une condition pour préserver son univers d'écrivain, il cherche refuge dans un exil qui rétrécit le réel et le fait glisser sur le chemin du silence. Il perd son rapport avec le lieu du passé, forcément transformé par le passage du temps, mais aussi avec le lieu ambiant du fait qu'il l'ignore. Il se condamne ainsi à n'être nulle part. Il arrive souvent que le migrant condamne le nouveau pays pour l'avoir mal accueilli et le récuse parce qu'il est culturellement moins riche que son pays d'origine. Il est toutefois évident que toute culture est mouvement et que les richesses du passé elles-mêmes se réduisent à une matière d'archéologie quand elles ne sont pas convoquées à vivre dans le présent.

L'un des privilèges de l'écrivain migrant est le regard neuf qu'il jette sur son pays d'adoption. Il cherche alors à le réaménager en s'y adaptant. Ainsi, il participe au mouvement d'une culture perpétuellement en marche, toujours à réinventer.

Le Québec accueille maintenant une pléiade d'écrivains venus de Chine et du Brésil, d'Irak, du Liban et d'Égypte, sans parler des Haïtiens, Montréal étant désormais un foyer essentiel de la littérature haïtienne. Sans menacer la majorité dans sa volonté de contrôler son destin, ils peuvent, par leur intégration au mouvement, en infléchir l'orientation. Le Québécois accepte cette littérature de migration non en tant que marginalité exotique, mais comme un élément d'une démarche qui est désormais la sienne. Pour l'écrivain venu d'ailleurs, la qualification d'écrivain migrant est une phase transitoire, une étape appelée à disparaître. Il fait partie d'un ensemble, y apporte sa différence, s'engage à part entière, quoique à ses propres conditions, dans la quête d'un avenir, car, s'il veut poursuivre son chemin, il ne peut pas se délester de son passé et de sa mémoire.

QUELLE RECTITUDE?

En 1954 j'ai fondé le *Bulletin du Cercle Juif*. À la suite de la parution du premier numéro, j'ai reçu une missive d'un professeur de lettres, un Français, dans laquelle, après les compliments d'usage, il me donnait un conseil : changer le titre de la publication, en remplaçant juif par israélite. Juif est un terme péjoratif, m'expliqua-t-il, et, dans certains cas, insultant. En France, on avait substitué israélite à juif, comme en Russie on avait changé juif en hébreu. Mon correspondant n'avait pas tout à fait tort et il eût été loisible de le remercier de son souci. Or, depuis le Royaume de Juda, l'Hébreu et l'Israélite portent le nom de Juif et si ce terme a acquis un sens péjoratif, ce fut en raison de la volonté de certaines sociétés d'inférioriser le Juif, de l'humilier, de l'abaisser. Pourtant, en changeant d'appellation, il ne change pas de statut, tout au plus acquiert-il une respectabilité apparente. D'ailleurs, dans la bouche de ceux qui, en France et ailleurs, utilisent le mot Israélite pour éviter de dire Juif, il entre une intention souvent inconsciente de précaution, de neutralité, mais aussi une affirmation d'un respect de l'identité de l'autre.

À leur arrivée en Amérique, les Juifs de Russie et d'Europe orientale ont choisi le terme *Hebrew* au lieu de *Jewish*. Cette pratique fut vite abandonnée, même si on en décèle aujourd'hui encore les vestiges dans l'appellation de certaines organisations comme *Young Men and Young Women Hebrew Association* (YM-YWHA).

Le Juif est aujourd'hui un Juif et changer de nom n'est point une manière de combattre l'antisémitisme. Ajoutons que depuis la naissance de l'État d'Israël, dont les citoyens sont des Israéliens, le mot Juif établissant la spécificité de la diaspora est redevenu un terme universel. Ce qui importe c'est que le Juif accepte son nom et l'affirme même face à l'adversité.

Ensuite ce fut mon propre nom qui m'était présenté comme obstacle. À Bagdad, ma ville natale, et dans l'ensemble du Moyen-Orient, le nom Naïm est on ne peut plus commun et peut, de surcroît, être porté aussi bien par des Juifs, des chrétiens ou des musulmans. En le déclinant à Montréal, je suis souvent appelé à raconter l'histoire de ma vie. Allais-je le transformer en Normand ou Nelson comme me suggéra une jeune fille qui ne souhaitait pas présenter à sa famille un garçon étrange ? C'est par ce nom que me reconnaissaient mes parents, ma famille et mes amis. Me plaçant devant un miroir, je m'étais interpellé : Normand. Cela ne me fit même pas rire. J'avais l'impression que j'allais porter un masque non dans telle ou telle occasion, mais pour de bon, pour toujours. Certes, je ne serais plus obligé de raconter mon histoire mais, ce faisant, j'allais être amené à la dissimuler. Portant constamment un masque, je ne tromperais que les indifférents, provoquant chez d'autres la suspicion de cacher, et ce qu'on cache volontairement ne peut qu'être défavorable. Je me trouvais dans une société où l'on n'arrêtait pas les étrangers en les distinguant par leurs noms. D'ailleurs, quel que soit le nom dont il s'affuble, un étranger commence par être un étranger même s'il ne le demeure pas indéfiniment. Autant raconter perpétuellement l'histoire de ma vie. Par besoin de dignité d'abord, par respect pour moi-même, mais aussi pour qu'on s'adresse à ma personne et non à un substitut.

Je ne cherche pas à nier qu'il existe des circonstances où le changement de nom est une commodité, mais aussi une nécessité pour échapper à une menace. Ce que je tente d'établir, c'est que la rectitude politique a une longue histoire.

Les périodes de conflits et de changements sociaux affectent la langue. On adopte des termes nouveaux pour attester d'une acceptation du changement, mais aussi pour masquer une hostilité, une négation, un rejet de certaines réalités inacceptables dans la brutalité de leurs appellations. Les subterfuges sont multiples. Prenons le mot nègre ou négro. On le transforme en noir ou *black* en passant d'une langue à une autre, de l'espagnol au français ou à l'anglais. Usage, à son tour dévalorisé. On quitte la langue pour passer à une origine territoriale. Les Noirs sont devenus des Afro-Américains, même si, après plusieurs siècles, l'appartenance à un territoire africain ne peut être tout au plus qu'une métaphore. Pour d'autres, ce n'est ni par la langue ni par un territoire originel qu'ils définissent leur identité, mais par une acquisition d'une religion, l'Islam, et ils deviennent des *Black Muslims*. Cependant, la marque distinctive demeure la couleur de la peau et ce fut un grand poète, Léopold Sédar Senghor, qui tenta d'assumer sa couleur, d'en porter le vocable descriptif. Pour lui la négritude est un fait. Il suffit de le dire pour le doter de sa dignité.

Je fais volontairement référence aux deux groupes dont l'existence fut, pendant des siècles, mise en question : les victimes de l'esclavage et des chambres à gaz ont connu mépris, persécutions, tribulations. Je le fais pour souligner que les changements de noms et d'appellations sont, dans leur cas, dérisoires.

Aujourd'hui, comme dans le passé, le souci de l'appellation indique un rapport difficile avec le réel. On sait que les mots furent dévalorisés par les divers totalitarismes. Les nazis se déclarent socialistes et les staliniens des démocrates populaires, détournant les termes de leurs sens, leur faisant signifier le contraire de ce qu'ils désignent. La démagogie et la langue de bois ont envahi et infesté les divers discours politiques.

Ainsi, si la rectitude politique s'inscrit dans une longue histoire, elle présente de nos jours des aspects et des dimensions plus nombreux que jamais. La multiplication des moyens de communication, leur simplification, ont réduit la langue à sa simple fonction d'instrument, de vecteur. Le sens persiste, existe, mais par une volonté d'éviter toute ambiguïté, toute complexité, il est dépouillé de profondeur. La simplification aboutit à la réduction du sens à un dénominateur commun, à le neutraliser, ce qui, paradoxalement, laisse la porte ouverte à de multiples ambiguïtés, à diverses interprétations et surtout à des confusions. La deuxième dimension du changement, qui est une véritable révolution, se situe dans les rapports entre le masculin et le féminin. Cela pose plus de problèmes sémantiques en français qu'en anglais. En anglais, on a remplacé *Mrs* et *Miss* par *Ms*, terme générique qui élimine la distinction entre femmes célibataires et mariées. C'était toujours le cas pour les hommes. On peut penser que de cette égalité résulte une perte, sinon de sens, du moins de nuance. On a remplacé ensuite *chairman* par *chairperson* ou simplement *chair*, et droits de l'homme par droit de la personne. Cela correspond à une réalité : l'accession de la femme à l'égalité n'est pas une simple aspiration. La féminisation des titres et des professions, généralement admise au Québec, rencontre plus de résistance en France et s'y effectue avec plus de lenteur. Ce n'est que récemment que le premier ministre français a promulgué un décret autorisant d'appeler une femme ministre madame la ministre plutôt que madame le ministre.

La technologie et la transformation sociale ont conduit à une autre étape de la rectitude : le dépouillement d'un fait de tout ce qui peut heurter ou blesser. On n'accepte plus la réalité dans la brutalité de sa nudité. On modifie les appellations pour en alléger la dureté. Dans cette entreprise de nomination, on peut constater une manifestation de respect, de politesse, au sens traditionnel des termes, mais, en même temps, plus insidieusement, une tentative de masquer le réel, d'en recouvrir l'âpreté par un écran qui, en fait, n'est que de fumée. Ainsi, à l'époque des *baby boomers* la publicité s'adressait à une génération de jeunes. Le terme avait un coefficient positif, indiquant l'énergie, l'avenir et la promesse. Époque quasi révolue. Dans les pays industrialisés particulièrement, la population vieillit et le chômage frappe plus durement les jeunes que l'ensemble des travailleurs. Dès lors, le terme jeunesse perd son image positive et est associé désormais aux chômeurs, aux délinquants et aux drogués. Les vieux, plus nombreux que jamais, sont à la fois désœuvrés, dépassés par la technologie, récalcitrants aux nouveautés. Cependant, étant retraités et disposant d'un revenu stable, il importe de les ménager et le terme vieux peut blesser une génération que la publicité cherche à flatter et à séduire. Du coup, la contrepartie de jeune n'est pas vieux. Le terme a pratiquement disparu de la circulation. Les vieux appartiennent au troisième âge, à l'âge d'or, sont des aînés. On va plus loin quand il s'agit par exemple de titres de transport et on parle alors de cartes vermeil ou des clubs 60 ou 65.

Dans les sociétés traditionnelles, les vieux étaient les détenteurs d'un savoir séculaire, confirmé par l'expérience, à l'épreuve du temps. Or, la technologie ayant pris le pas sur l'organisation sociale et politique de la société, les connaissances transmises par les savoirs sont devenues inefficaces et inopérantes. La sagesse des anciens paraît dérisoire et ceux-ci ne peuvent rien transmettre à l'usage des jeunes générations. Socialement marginalisés, ils sont réduits à l'enfance dans les établissements spécialisés dès qu'ils manifestent leurs insuffisances. Ils n'ont d'autre avenir qu'une rapide disparition. S'ils sont tolérés, c'est en raison de leur pouvoir économique : capitaux, rentes, pensions. On s'emploie à les entretenir dans une mystification de leur âge, afin qu'ils déboursent pour des services de loisirs, de voyages, de vêtements. Privés d'un âge qui a perdu tous les privilèges du respect et de la dignité, on leur vend une jeunesse mythique et illusoire. Dans ces subterfuges, il entre souvent une politesse formelle, des termes et des usages qui projettent des apparences de dignité. En fait, on fait perdre aux aînés la valeur cumulative des années comme si la vie, dès qu'elle avance, se transformait en retranchement, en négation. En niant la mort, en l'oblitérant, au lieu de la faire reculer, on y fait plonger toute une génération qui, en renouant avec une jeunesse imaginaire, en s'accrochant à une énergie perdue, s'installe sur son terrain, celui de l'absence de promesse. Car celle-ci, à l'âge encore ouvert aux possibles, n'existe pas dans la régression onirique, mais dans l'acceptation d'une vie vouée à se transmettre, à se perpétuer, au-delà de sa cessation, grâce à des descendants. Les termes de substitution nous apparaissent dès lors non comme ceux du respect mais comme ceux de l'indignité, même quand elle est masquée.

La négation du réel, cette porte ouverte sur l'indignité, est encore plus évidente dans le cas des handicapés. On sait que la personne qui ne possède pas l'usage de la vue est aveugle. Quand on l'affuble du vocable de malvoyante, on semble user de délicatesse à son égard. En effet, toute civilisation se mesure par la manière de traiter les handicapés et les délinquants. Il faut reconnaître les grands progrès que l'humanité a faits dans ce domaine. A-t-on besoin

pour autant de recourir à des euphémismes pour dési-
gner les manques physiques? Un aveugle est une
personne qui ne voit pas. C'est un malheur, mais c'est
aussi un fait et la société est appelée à lui permettre,
en dépit de son handicap, de mener une existence
adéquate, non par respect ni moins encore par
compassion, mais par simple souci de faire vivre tous
ses membres dans la dignité. En outre, pour cette
société, c'est une manière de récupérer une énergie
qui serait autrement perdue. Respecter l'aveugle,
c'est d'abord affirmer qu'il l'est et, en même temps,
dire qu'il fait partie de la société non par compassion
ni en dépit d'une infirmité, mais en raison d'un
manque que la communauté est appelée à assumer.

On peut multiplier les exemples. Dans une
tentative de neutraliser le réel, les publicitaires, suivis
par les organismes sociaux, ont mis sur pied un
vocabulaire qui ne désigne plus les faits — infirmité,
handicaps, diversité de couleurs, d'attributs physiques —, mais les masque, les recouvre d'un écran. Il
en résulte une négation des différences — couleur de
peau, taille, infirmité quelconque — qui constituent
la spécificité d'une individualité, de sorte que la personnalité est dissoute dans une métaphore.

La technologie nous fait entrer dans l'univers du
virtuel. Le changement de vocabulaire nous y fait
pénétrer sans l'encombrement des mots qui désignent
les choses. Nous pourrions alors plonger sans obstacle
dans un monde où la sensation de l'éphémère prend
la figure d'une totale liberté. Ainsi, sans en payer le
prix, nous entrons par une porte latérale dans l'univers de la drogue. Nous n'avons plus besoin d'affronter le réel, de le changer, car, comme par un coup de

baguette magique, nous entrons dans l'univers de la virtualité.

Or, le réel persiste, affirme avec entêtement ses exigences et ses insuffisances. Nous nous réveillons pour nous apercevoir que nous avons perdu la capacité de l'affronter. Nous nous insurgeons contre un monde que nous n'avons pas lucidement voulu. Aussi, privés de la sagesse des aînés, jetés dans un univers virtuel, les jeunes se réveillent et n'ont d'autre recours qu'une violence aveugle. Ils ont recours à des jeux, des courses, des images de plus en plus provocantes, dans une tentative de rejoindre un réel élusif. Comment éviter dès lors les tentations de la drogue et du suicide?

CULTURE : SPÉCIFICITÉ ET MOUVEMENT

Comme toute culture vivante, la culture québécoise est née et se nourrit toujours de plusieurs sources qu'elle a, selon les périodes, célébrées, rehaussées à un élément unique, mais aussi rejetées et souvent ignorées. Ces sources sont multiples. Je voudrais, cependant, m'attarder sur quatre d'entre elles qui, dans l'histoire de cette culture et notamment dans la littérature, furent conflictuelles et, parfois, rejetées, voire ouvertement refusées.

D'abord la source amérindienne. Je me contenterai de signaler les romans publiés au cours des dernières années pour constater que cette source, vive et essentielle, n'est plus rejetée, ni ignorée, ni même marginalisée ou folklorisée. Dans les derniers ouvrages d'André Brochu, de Roch Carrier, de Louis Hamelin, l'Amérindien est soit l'initiateur au réel, soit le père véritable. Dans le cas de Bernard Assiniwi, il est un sujet de l'histoire. Aussi, l'ancien sauvage sauvé par le baptême est reconnu comme fondateur.

Pendant plus d'un siècle, l'élément catholique a, de par l'autorité de l'institution, dominé. L'Église était présentée et considérée comme l'unique source qui permet à toutes les autres d'entrer dans le courant de l'histoire et de la vie. Or, depuis l'affaiblissement considérable du pouvoir social de l'Église catholique, une, voire deux générations de Québécois délaissent une Église présentée comme facteur d'oppression et d'obscurantisme. Bien plus, elles ignorent la religion tout court. Il me semble cependant évident que la source chrétienne est l'un des fondements de la culture québécoise. Il y a une quarantaine d'années, Jean Le Moyne soulignait déjà l'importance de revenir à la base pour retrouver le courant biblique par-delà, et souvent malgré, la pesanteur de l'institution ecclésiastique. On peut difficilement comprendre les œuvres de Saint-Denys Garneau, de Rina Lasnier, d'Anne Hébert et de combien d'autres sans tenir compte de ce fondement.

La langue constitue, bien évidemment, une autre source. Le français est porteur d'une civilisation léguée par la France et ce pays, encore aujourd'hui, conserve la prépondérance au sein de la francophonie. Le Québécois peut difficilement dire que sa culture commence avec les *Premiers Canadiens* ou avec l'*Histoire* de Garneau. Il est, de par la langue, l'héritier de Racine et de Baudelaire, et la France ne peut être considérée comme un pays étranger au même titre que l'Allemagne ou l'Italie. D'aucuns, dans un passé proche, ont même tenté de faire admettre que le Québécois possède sa propre langue, distincte de celle de la France. On peut certes parler et même écrire le *joual* sans nier le fait que le français demeure la langue des Québécois.

L'espace nord-américain est, manifestement, l'autre source de la culture québécoise. Nous avons assisté à diverses manières de l'interpréter pour l'intégrer. Ainsi, Léo-Paul Desrosiers et Félix-Antoine Savard, par exemple, attribuaient au Canadien français une mission civilisatrice chrétienne en Amérique. Ces dernières années, on a vu plus qu'une recrudescence de l'exploration du continent. De Ducharme à Poulin, il y a une reconnaissance, une prise en charge de l'espace américain.

Je peux citer d'autres éléments, notamment la présence de l'étranger, ce *Survenant* attendu et redouté, qui hante constamment cette société comme pour lui rappeler que, tout en se protégeant, elle demeure consciente du monde et qu'en ouvrant la porte à l'étranger, elle accepte le risque de bouleverser un ordre et de reconnaître sa précarité et sa fragilité.

Des étrangers ont certes participé à la fondation de cette culture. Mais de Louis Hémon à Marie Lefranc, sans oublier les Jésuites, ils étaient, généralement, et Français et catholiques et ne faisaient que renforcer l'image que cette société acceptait d'elle-même.

Comment oublier la culture anglophone, aussi bien celle des États-Unis que celle du Canada? Culture menaçante, méprisée, tour à tour traitée de vilement matérialiste, de vulgaire, d'impie. Elle fut l'objet de constantes mises en garde et son rejet incitait à l'autoprotection. Elle n'en fut pas moins présente au sein d'une certaine élite, mais également dans le milieu populaire : les spectacles de variétés, le cinéma, la radio et la télévision. On peut même avancer que le radio-roman québécois est né d'une présence directe de la radio américaine. On a ainsi appris, et depuis fort longtemps, à être Nord-Américain tout en demeurant francophone.

Alors que dans le monde, et d'abord en France, on cherche à se prémunir contre l'envahissement de la culture industrielle qui est désormais mondiale, mais dont le foyer se trouve aux États-Unis, les Canadiens français, puis les Québécois, savent mieux y résister en dépit de leur faiblesse numérique. Ils furent parmi les premiers à forger les outils pour l'absorber sans s'y fondre et à la traduire dans leur idiome pour la présenter au monde.

À partir de la diversité de ses sources, la culture québécoise a fait des choix. Elle est française, ou plutôt francophone, et elle est nord-américaine. Elle est attachée à ses racines rurales et cependant engagée de plain-pied dans la société urbaine; jalouse de ses origines, elle est ouverte au monde. Ses rapports avec ses sources peuvent être conflictuels et contradictoires, mais c'est le prix qu'elle doit payer pour demeurer une terre d'accueil sans se fondre dans l'empire du continent.

Dans son passage du monde rural à la société urbaine, cette culture a redouté l'étranger et s'est tenue sur sa réserve vis-à-vis de l'immigrant. Et comme s'il lui donnait raison, celui-ci — qui le plus souvent quittait son pays d'origine pour des raisons économiques — se plaignait du rejet des francophones et se ralliait à la majorité anglophone du Canada et du continent.

La religion ne constituant plus une sauvegarde, cette culture a cherché dans la politique une armure. Disposant de la force du nombre et s'appuyant sur la réalité de la francophonie dans le monde, le Québec a territorialisé juridiquement sa culture et y a officialisé le français comme langue commune. Renversement de la situation, d'abord psychologique et mental : la minorité francophone du continent se proclamait majoritaire sur son territoire. Du coup, la culture d'une minorité retranchée, menacée, était devenue celle d'une majorité qui imposait sa loi et se sentait apte à accueillir les autres pour s'agrandir et se renforcer. Du même coup, l'étranger et l'immigrant ont changé de visage. D'allié naturel et quasi automatique de la majorité adverse et menaçante, il était désormais susceptible de se joindre à l'autre majorité et, par son apport et son dynamisme, d'en accroître la vigueur. Nombre d'immigrants choisissent librement et sans contrainte la langue et la culture de la majorité francophone du Québec. Il arrivait que certains Québécois, peu habitués à ce qu'on vienne à eux, se sentissent embarrassés par cet apport et, en en redoutant les conséquences, hésitassent à l'accepter. On pouvait ainsi sentir que le renversement de l'attitude et du comportement n'allait pas sans crainte et sans interrogation.

Quand on observe le comportement des tenants de la culture au Québec, qu'il s'agisse de créateurs et d'artistes ou d'administrateurs et d'enseignants, on peut déceler deux attitudes. L'une appartient au passé. Une culture assiégée, menacée dans son existence et qui redoute l'intrusion du monde extérieur tout autant que les mises en question de l'intérieur. Celles-ci sont considérées comme des hérésies et des trahisons, et celle-là comme une menace d'envahissement et de subversion. Attitude commune à toutes les minorités que Northrop Frye, parlant du Canada anglais, qualifiait d'esprit de garnison.

L'autre attitude commence d'abord par la curiosité, suivie du besoin de s'affranchir d'un état de siège
abusif imposé davantage par des éléments de l'intérieur que par le monde extérieur; éléments qui
ignorent ou qui n'admettent pas les mécanismes
propres à la création artistique. Aussi engagé soit-il
envers son milieu, l'artiste habite un monde vaste et
sans frontières. L'acte créateur ne peut obéir qu'aux
contraintes de la création : la langue, la cohérence de
l'œuvre. Toute contrainte politique ou idéologique
restreint son élan, altère son rapport au travail de
l'artiste et le conduit à s'opposer à son milieu, à criti-
quer sa société, bref à paraître négatif voire hostile
vis-à-vis de sa collectivité.

Pour le créateur québécois, l'ailleurs est aussi
l'ici, un ici revu et revécu à sa façon. Ainsi, l'autre
peut tout aussi bien être l'étranger que le Québécois
de naissance. Pour lui, la culture apparaît dans ce qui
constitue sa réalité : le mouvement. Elle charrie des
déchets mais emporte dans son courant tout ce qui
vit. Elle est multiple et diverse. C'est l'Histoire —
une fois qu'un torrent cède la place à un autre — qui
décidera de ce qui aura été une culture nationale, car
celle-ci, par définition, appartient à l'Histoire. La
culture présente ne peut être soumise qu'à son propre
élan, le mouvement de la vie.

Aussi, l'artiste qui vient d'ailleurs, porteur de
son histoire et de sa vision, ne peut survivre qu'en
participant au mouvement. Emporté par le courant, il
enrichit le présent. Il n'en fait pas moins face à un
dilemme. D'une part, il est appelé, par loyauté et
fidélité, à se soumettre à un passé, à des ancêtres
connus ou inconnus qu'il ne peut oublier sans trahir.

D'autre part, le présent produit une mémoire neuve, vivante. Où se situe donc sa mémoire ? Est-elle figée dans le souvenir et le rappel ? Il peut la formuler en se réfugiant dans un état de siège et en se proclamant perpétuel exilé. Il s'apercevra rapidement que cet exil est double et que, de plus, il se heurte à une impasse. Il s'exile d'abord en s'isolant de ses voisins et de ses contemporains, autrement dit, il se place à l'abri du présent. La vie se poursuit et lui se retient, se fige dans le retrait et le refus de participer à une création proche et accessible qu'il taxe d'étrangère. Il bat le rappel de son appartenance à son propre pays. Il se rendra compte, surtout s'il a l'occasion d'y retourner, que ce pays n'existe que dans son imaginaire et que les souvenirs qui excluent le présent ne peuvent former une mémoire. Il finit par se terrer dans une double marginalité. Il déplore la dégradation de la culture de ceux qui parlent sa langue ainsi que leur indifférence et leur oubli. Aux autres, à la majorité ambiante, il reproche de l'ignorer, de ne se soucier que d'eux-mêmes et de leur propre passé. Bref, se croyant victime, dépourvu d'écoute, il sera assez tôt frappé de stérilité.

Il peut choisir un autre extrême. Il est d'ici et ne vit que le présent, faisant table rase d'une mémoire, en attendant de s'en forger une nouvelle. Coupé de son passé, il se trouve démuni face au présent. Il se cherche un nom, quitte à le fabriquer. Allégé des bagages qu'il portait à son arrivée, il fait face à une autre forme d'exil, celui d'un présent dépourvu d'assise et de continuité, autrement dit, de substance. Il croit participer à la vie commune, faire partie du groupe mais, s'étant condamné à l'anonymat et ayant

réduit son être à l'éphémère, il se coupe d'une dimension essentielle de son propre élan.

Les contradictions et les ambiguïtés ne se situent
pas d'un seul côté. Si l'accueil peut être réservé, la
volonté de participation peut, elle aussi, être faible et
déficiente. Rien n'est tranché d'avance et les liens
culturels peuvent difficilement être enserrés dans des
règles préétablies. Ainsi, l'accueil, aussi généreux et
chaleureux soit-il, peut se heurter à des refus et à des
réticences. Par ailleurs, dans les temps de restrictions,
de coupures et de compressions que nous traversons,
les créateurs subissent un état de disette, et le partage
des bourses et des subventions peut conduire à des
rivalités mesquines. Les perdants peuvent se consi-
dérer comme des laissés-pour-compte, alors que la
manne est injustement attribuée à des moins méri-
tants et, ce qui semblerait encore plus insupportable,
à des étrangers qui les privent de ce qui leur est dû.
Même si on s'y heurte quotidiennement, dans la vie
d'une culture ce ne sont que des accidents de parcours, des obstacles passagers.

La rencontre entre l'immigrant et son nouveau
milieu, quand elle a lieu, entraîne chez lui un examen
de sa propre culture. Il s'aperçoit qu'il ne peut partager la culture québécoise qu'en y ajoutant la sienne.
Du fond de la mémoire et en dépit des tentations de
la nostalgie, celle-ci se trouve modifiée par le regard
de l'autre. Sa culture est désormais celle qu'il raconte.
Or, destiné à l'autre, le récit qu'il en fait est aménagé,
adapté pour qu'il devienne accessible au regard de
l'extérieur. Alors que, recroquevillée sur elle-même,
comptant sur l'accord et la complicité de ceux qui
s'en réclament sans la mettre en question, cette

culture de l'origine se trouve figée dans l'embellis-
sement ou l'enlaidissement.

Ne pouvant compter sur une adhésion automatique face au regard du monde de l'extérieur, la culture québécoise se déploie par ce qu'elle a de vivant
et, par conséquent, d'universel. Elle s'explique et, ce
faisant, se met en question. L'immigrant, cet autre
qui n'est pas un observateur de passage mais qui est là
pour rester, devient un facteur de révision de l'impli-
cite. Dans cette révision continuelle des identités,
une culture porteuse des origines s'enrichit de l'apport multiple et accepte de se modifier sans se trahir,
de s'épanouir en se réinventant.

* * *

Choisissant de vivre à Montréal, j'ai décidé de
changer de langue d'écriture. Mon public se compose
d'abord des hommes et des femmes parmi lesquels je
vis et dont j'ai voulu partager le destin. Venu
d'ailleurs, je participe à la vie d'ici à visage découvert
et, sans me délester de mon bagage, je porte mon
nom. Je ne me sens pas comme un étranger. Le
français est plus qu'un choix. Il est nécessaire pour
rendre ma parole accessible à ceux qui m'entourent.
Et, puisque j'adopte une culture en y participant, la
langue devient un objet d'amour.

À travers ma ville, Montréal, cette langue me
relie au monde. C'est ici que j'ai passé la majeure
partie de ma vie. J'ai vu cette ville grandir, changer,
se souvenir et oublier. Des murs tombent laissant la
place à d'autres, comme pour nous rappeler qu'il n'y
a de permanence que dans la parole. Et cette parole,

pour moi universelle, emprunte et habite les marques d'une grande civilisation. J'entre par cette porte et le monde m'est donné si je suis apte à l'appréhender, à le saisir pour le dire. Car le monde que je dis est celui de ma rue et de ma ville. Du coup, il n'y a plus d'exil et il n'y a plus d'immigrant. Je suis parmi des hommes et des femmes qui se sont rencontrés et qui se sont mis à se raconter. Si dissemblables qu'elles leur paraissent, leurs histoires les réunissent. Partis de lieux et de temps divers, nous convergeons dans un même mouvement pour bâtir le temps. Nous croisons des hommes et des femmes qui, exprimant refus et regrets, choisissent d'autres voies. Qu'importe puisque le courant nous emporte et que chaque jour annonce un nouveau départ.

J'ai commencé par le commencement. J'ai dit voici mon histoire. C'est là que je suis né et c'est de là que je viens. Maintenant, je suis ici. Tout commence désormais ici, dans ces rues. Je me sens redevable à tous ceux qui ont bien voulu écouter mon histoire. Comment aurais-je pu sillonner les mêmes routes qu'eux si j'avais opté pour l'anonymat, déambulant, tel un fantôme, ombre parmi les ombres, à travers les routes de mes fantasmes? Dire la mémoire était, pour moi, aller vers les autres. Je dis la parole dans la langue commune, je la dis dans mon accent.

La culture québécoise n'est pas un lieu de passage où chacun entonne sa chanson. C'est un édifice, perpétuellement en construction, jamais terminé. Pour ajouter ma pierre, il importe que j'en explore d'abord les fondements. Ouvert à tout vent, il n'y a pas assez de bras, d'ici et d'ailleurs, pour l'élever.

RETOUR
À LA LANGUE

Quand la poétesse libanaise Sabah el Kharrat Zwein eut terminé la traduction de *Le Réel et le théâtral* en arabe, je me suis abstenu, non sans hésitation, de lui en demander le texte arabe. Puis, je reçus le livre publié à Cologne par la maison Al Damal que dirige un Irakien en exil, Khaled al Maali. Je commence la lecture. Jean Grosjean avait commencé sa préface au livre par : *Qui sait ce que pense un Irakien ? et même simplement comment il pense ?* Près de trente ans ont passé depuis la publication du livre en français au début de 1970. Je le relis maintenant, en arabe, ma langue maternelle.

Le hasard fait qu'en même temps que me parvient le livre, je reçois une anthologie parue l'an dernier à Bagdad d'essais irakiens des années quarante, dont le mien sur le surréalisme qui parut en 1945 dans la revue *Al Fikr al Hadith*.

Dans *Le Réel et le théâtral*, mon premier livre à paraître en français, je cherchais à interpréter, à ma façon et de par une expérience vécue, le rapport entre l'Orient et l'Occident à travers diverses formes de civilisation. Et voici que je le relis, telle une pyramide renversée, dans ma langue d'origine. J'y découvre une double tentative : celle de m'expliquer au lecteur canadien et francophone, de présenter au lecteur occidental ma culture juive et arabe et, en même temps, celle d'apprivoiser la culture de l'Occident en l'interprétant à ma manière.

Sans me rendre compte, j'étais un traducteur, sauf que la langue que j'écrivais était une langue d'emprunt, celle de l'autre. Je relis, comme en contrepoint, mon essai sur le surréalisme. Là, je cherchais à décrire pour le lecteur arabe un phénomène éminemment occidental. L'auteur de l'anthologie souligne que c'était la première fois que l'on parlait de surréalisme en Irak. Je ne veux pas revenir sur les circonstances de ma découverte du surréalisme grâce à ma rencontre à Bagdad de Simon Watson Taylor, directeur de la revue surréaliste londonienne *Free Unions*. Ce qui me frappe aujourd'hui dans cet essai, c'est l'effort de comprendre l'Occident, de l'accueillir et, peut-être encore davantage, de le rêver. Dans *Le Réel et le théâtral*, j'y étais plongé et mon lecteur éventuel y appartenait.

Ce qui me surprend dans la lecture de mon texte en arabe est, de prime abord, son étrangeté. Cette langue qui fut la mienne n'est pas, de toute évidence, celle de ma pensée. Elle s'y infiltre, s'y introduit, souvent d'une manière imperceptible, dans des vocables qui ne sont plus les miens. De surcroît, je relis mon essai sur le surréalisme et me découvre, à nouveau, dans mon étrangeté.

Je maniais cette langue et ces vocables étaient bien les miens. Qui étais-je alors et où étais-je ? J'ai

certainement, entre-temps, changé d'univers. Il ne
s'agit pas d'espace, de géographie mais d'un rapport
aux mots. Ce qui persiste et persistera — et que Jean
Grosjean m'avait maintes fois souligné à la lecture de
mes textes — est mon rapport avec le temps. Ainsi,
une dimension du verbe français demeurera pour moi
un mimétisme que je n'ai pas totalement intégré
intérieurement. Je continue à ne penser qu'au présent — comme en arabe et en hébreu — dans
lesquels passé et futur se confondent. De plus, je
crains les errements dans les broussailles, d'autres
diraient la forêt des mots. Redoutant les superlatifs et
les fioritures de mon passé arabe, j'évite les adjectifs.
Il m'arrive d'aller à l'autre extrême et d'adopter, à ma
manière, le minimalisme de certains écrivains américains. Les mots m'apparaissent toujours redoutables
et essentiels. Je ne peux pas les réduire à des instruments, mais il m'arrive de me laisser emporter, conduire, sans m'en apercevoir, et d'avancer dans les
sentiers d'un pays inconnu, étranger et qui est pourtant le mien. D'où l'amour et l'émotion que suscite
en moi mon vocable d'adoption et qui ne sera
pourtant, par intermittence, que celui de la pulsion,
d'un instinct second.

Je relis en arabe *Le Réel et le théâtral* qui est
pourtant mon texte, écrit dans la passion et l'empor-
tement du verbe, et je me découvre autre. Ces mots
ne sont plus les miens et j'en ressens, dans la dis-
tance, l'ambiguïté, comme si je m'étais éloigné de
moi-même, comme si j'avais définitivement quitté la
chaleur de l'enclos premier. Je suis un lecteur arabe.
Je me mets dans sa peau et l'embarras me gagne.
Aurais-je dû dire ceci ou cela aussi crûment ? Suis-je

trop brutal? Si j'avais écris mon texte en arabe, j'aurais peut-être modifié tel mot, choisi d'autres références. M'adressant à l'Occidental, j'entrais dans son univers, j'empruntais son savoir. Au lecteur arabe j'aurais évité certaines explications inutiles et j'aurais, par ailleurs, clarifié certaines références.

Je me rends compte que la langue modifie attitude et comportement, peut-être pas d'une manière fondamentale, la pensée, mais certainement la manière de l'exposer, d'en déployer les tenants. Trente ans d'écriture en français m'ont donné des habitudes qui sont devenues une deuxième nature. Je pense, comme j'écris, en français. Me relisant en arabe, je découvre des soubassements qui ne sont pas des références mais des images. Mon rapport à l'espace est imprégné d'un temps premier, d'un temps autre. Je m'aperçois que cet espace devient parfois, insidieusement, métaphorique. C'est, bien sûr, la voie de toute poésie, sauf que, pour ma part, j'ai choisi la narration. D'où ce besoin, devenu de plus en plus urgent et quasi une nécessité, de retourner à la Bible afin que la métaphore me ramène au concret, et que l'imaginaire surgisse d'un réel, fût-il un réel d'écriture.

En Orient, dis-je dans mon livre, les mots sont des choses. En fait, quand je l'affirme, je cherche des assurances, sans forcément courir derrière des certitudes. Car les mots ne sont pas figés et ils ne sont fixés que l'espace d'un temps avant que d'autres mots ne viennent les rejoindre pour les modifier et, au besoin, les nier. Sont-ils malléables? Vulnérables, oui, alors que le sens appelle la substance, la solidité. Il faut perpétuellement reprendre le vocable, cette relative approximation, au risque de se répéter.

Je me relis dans deux langues qui sont les miennes. Suis-je double? Suis-je hybride? J'avais terminé *Le Réel et le théâtral* en disant que je refusais la fixité des lieux sûrs et le confort des certitudes. Trente ans plus tard, alors que je me retrouve comme rappelé à mon point de départ, je constate que tous mes écrits n'étaient pas uniquement des explorations d'univers autres mais bien plus une tentative de les absorber dans un incessant mouvement de réconciliation. Me suis-je métamorphosé? Peut-être. Je l'espère. Avais-je le choix? Même dans une langue seconde, j'aurais pu me fixer dans l'espace, la mémoire et la nostalgie, mais je risquais aussi de me plonger dans l'oubli ou l'anonymat.

Peut-être ne fais-je que chercher à me consoler en me disant qu'au-delà de la singularité, j'ai tenté, en assumant l'hybridité et le métissage, de me métamorphoser et que toute métamorphose est une richesse. Et voici que le vocable premier, perdu, pâli par le temps, resurgit de l'apparent oubli foncier, quasi incandescent. Est-il toujours le mien? Sans doute. Assurément dans une vie autre, un espace lointain. Cependant, le temps continue à s'écrire au présent. Les mots ne se superposent pas, ne se contredisent pas. Car, à leur tour, ils se métamorphosent. J'obéis à la règle et voilà que le sens, en se soumettant à la forme, dote les mots d'une épaisseur qui est mouvement et vie. Je ne peux pas les redouter, car ils demeurent mes seuls alliés, si je parviens à les apprivoiser et à me réconcilier à la fois avec leur fixité et leur mouvement.

Cet exercice de lecture double fut un choc, un bouleversement mais aussi un appel, une invite à l'intégration de mon double. Dure exigence. La langue première peut se transformer en mémoire qui m'habite et m'accompagne et qui devient nourricière de ma langue seconde, ma langue de vie, de vie au présent.

L'EUROPE ET LE MOYEN-ORIENT DANS LA LITTÉRATURE ARABE CONTEMPORAINE

La Méditerranée réunit et, en même temps, sépare l'Orient et l'Occident. D'un côté l'Égypte, l'Afrique du Nord, le Liban et de l'autre la Grèce, l'Italie, l'Espagne et la France. Au cours des siècles, on a assisté, dans cette région, à des échanges culturels et commerciaux mais aussi à des conflits et des guerres. Pour tenter d'analyser quelques aspects de la littérature moderne et contemporaine de cette partie du monde, sans qu'il soit nécessaire de remonter jusqu'aux Phéniciens et aux Romains, il me semble toutefois utile de donner une idée de l'arrière-plan historique.

Trois séries d'événements ont marqué la fin du XIXᵉ et le début du XXᵉ siècles. D'abord, *Al Nahdha*, le mouvement d'émancipation du monde arabe, ensuite l'affirmation et l'extension de la présence coloniale de la Grande-Bretagne et de la France, et finalement, dans le sillage de cette présence, l'intérêt grandissant des écrivains et des artistes européens pour le monde arabe.

Le père du nationalisme arabe moderne, Damal Eddine al Afghani, séjourna pendant plusieurs années en Europe et c'est là qu'il développa son idée majeure, à savoir que l'Islam représente le foyer, le point central de l'unité arabe. En même temps, au Caire, Mohammed Abdou, œuvrant lui aussi pour la promotion de l'unité arabe, concentra ses efforts à la modernisation de la connaissance et de l'enseignement de l'Islam. Le point de départ, et on pourrait dire l'impulsion première, fut donné par le concept occidental de la nation. Je n'ai point l'intention de tenter une description de ce mouvement. Je me contenterai de centrer mes remarques sur trois écrivains arabes qui incarnent la diversité de l'influence occidentale sur la littérature arabe contemporaine. Il s'agit de deux Égyptiens, Taha Hussein et Tewfik el Hakim, et d'un Libanais, Gibran Khalil Gibran. Par coïncidence, cela fait partie de mon histoire personnelle, car c'est grâce à leurs œuvres que j'ai découvert l'Occident.

Enfant, Taha Hussein fut frappé de cécité. Il étudia, au Caire, le Coran et la littérature arabe classique et poursuivit sa formation à Paris. C'est là qu'il rencontra sa future femme française. Sa connaissance de l'Islam et de la littérature arabe classique, y compris celle d'Al Jahiliva, le préislam, est vaste et profonde. Mais ce qui est peut-être plus important, cette connaissance englobe les études et les recherches des orientalistes occidentaux. Les effets de son séjour en France furent divers : l'un des plus fondamentaux fut la redécouverte de sa propre culture à travers le regard des orientalistes, notamment l'Allemand Goldhizer. Rappelons qu'il s'agit des années vingt, par conséquent, la période précédant la montée du nazisme.

Taha Hussein publia alors un ouvrage sur la poésie préislamique dans lequel il avança l'hypothèse selon laquelle cette poésie était, en fait, écrite après la naissance de la nouvelle religion mais que ses auteurs, dont certains n'avaient pas adhéré au message du Prophète, avaient prédaté leurs textes afin d'échapper à la rigueur des nouveaux maîtres de la pensée et au risque de se voir interdire. Ce livre provoqua une commotion dans le milieu religieux du Caire et fut brûlé sur la voie publique.

Hussein poursuivit une œuvre diverse et considérable. Il est connu d'abord pour ses ouvrages de fiction : *Kitab al Ayyam* (*Le Livre des jours*) est un roman autobiographique qui fut traduit en français et publié avec une préface d'André Gide. Cet ouvrage fut suivi par un autre roman autobiographique *Adib* (*Homme de lettres*) et *Doua ai Karawan* (*L'Appel de la caravane*). Dans ses écrits de fiction, Hussein dresse un portrait pénétrant de l'Égypte profonde, des milieux populaires urbain et rural, de leurs traditions, de leurs drames, de leurs bonheurs et de leurs malheurs. Il fut étroitement impliqué dans la vie politique de son pays et occupa les fonctions de ministre de l'Éducation sous le gouvernement wafdiste de Nahas Pacha. Il publia ensuite un important ouvrage sur l'éducation en Égypte.

Sa connaissance de la culture occidentale n'est pas moins présente dans ses écrits. Car, pour lui, la culture occidentale, celle de la Grèce pour commencer, est née sous l'influence de l'Égypte, d'où la constatation que les échanges entre son pays et l'Europe ne datent pas d'hier. Aussi, profitant de son séjour parisien, il rendait compte au public arabe des pièces

françaises auxquelles il assistait. Au cours de la
Deuxième Guerre mondiale, Hussein publia une
importante revue littéraire *Al Kateb al Misri* (*Le
Scribe égyptien*) qui ressemblait dans sa facture et sa
présentation à la *Nouvelle revue française*. Il y publiait
des textes d'écrivains arabes et occidentaux, poursui-
vant ainsi une entreprise d'échange qui lui paraissait
toujours essentielle.

Pour nombre d'intellectuels et d'écrivains de
l'ensemble des pays arabes, Taha Hussein était exemplaire dans sa connaissance et son attachement à sa
tradition mais aussi dans son exploration de la culture occidentale et de son influence sur le monde
arabe.

Tewfik el Hakim appartenait à une génération
plus jeune. Son rappel du passé n'est pas moins important que celui de Taha Hussein même s'il existe, entre
eux, d'importantes différences sinon des divergences.
Ainsi, dans son roman *Awdat al Ruh* (*Le Retour de
l'Âme*), El Hakim ne se réfère pas au passé arabe mais
à la gloire pharaonique. Il y décrit le mouvement
nationaliste anticolonialiste des années vingt et le
rattache non pas à l'Islam mais au grand passé de
l'Égypte antique. Il n'ignore pas pour autant l'inci-
dence de l'Islam. Dans sa pièce *Ahl el Kahf* (*Ceux des
cavernes*), il opère un retour à une légende coranique
mettant en scène des hommes qui ont passé des siècles
endormis dans une caverne et qui, à leur réveil,
doivent faire face à un monde nouveau. Parmi ses
œuvres, je citerai le *Journal* d'un juge de campagne où
il décrit la vie rurale ainsi que sa pièce *Scheherazade*.

Je dois dire que le livre qui m'a le plus impressionné et qui m'a fait rêver est *Ousfour min al Shark*

(*Moineau d'Orient*). Tewfik el Hakim y évoque la vie parisienne d'un étudiant égyptien. Ouvrage romantique, sentimental, qui représenta pour moi, et sans doute pour nombre de jeunes Orientaux, un appel au départ et à l'affranchissement. Pour Tewfik el Hakim, le Coran n'est pas uniquement un livre fondateur, la base de la vie religieuse, mais également une source de légendes qui informent sur la vie quotidienne. L'Occident n'est pas non plus celui d'un passé hellénistique, ni même d'une France culturelle et littéraire. Il est celui d'un Paris vécu et qui, par contraste, fait rêver. Certes, son attachement au passé est réel, mais il se penche davantage sur le présent et l'avenir et cherche à décrire une société en transition, aux mœurs qui changent et qui subissent l'influence de l'Occident.

À partir des années vingt et surtout dans les années trente et quarante, des voix nouvelles se sont fait entendre au Liban et se répandirent dans tout le monde arabe et, dans certains cas, dans le monde entier. En effet, dans nombre de pays occidentaux, les collégiens et autres adolescents lisent avec appétit *Le Prophète* de Gibran Khalil Gibran. Cet écrivain libanais, qui a passé la dernière partie de sa vie aux États-Unis et qui a changé de langue, passant de l'arabe à l'anglais, présente une particularité essentielle dans son œuvre : il est chrétien. Se sentant libre par rapport au classicisme coranique, il a rénové la prosodie et introduit une révolution dans la poésie arabe. N'étant pas musulman, il ne pouvait pas être taxé d'hérésie. En fait, il était fidèle à sa propre religion et l'un de ses ouvrages, *Yassoue Ibn el Insan* (*Jésus fils de l'homme*), est le moins répandu de ses écrits sans doute en raison de son caractère religieux chrétien.

Gibran fut bien engagé dans la vie sociale de son pays et de sa communauté. Dans son recueil de nouvelles *Al Ajnihah al Mukassarah* (*Les Ailes brisées*), il déplore les traditions surannées et l'abus d'autorité d'un certain clergé chrétien. Ce qui attire les jeunes en Europe et en Amérique et ce qui a exercé une véritable fascination sur la jeunesse arabe de son époque fut d'abord son mysticisme accessible qui est un appel à la liberté, à la découverte de soi et aux potentialités individuelles. Ce mysticisme exprime, en même temps, une soif spirituelle non étouffée par les règles et les dogmes. Pour le lecteur arabe, il y avait, de surcroît, dans cette œuvre une libération de la parole grâce à la liberté de la langue : un lyrisme romantique, souvent sentimental, d'une musicalité neuve et puissante.

Gibran n'était point seul. Tout un groupe d'écrivains chrétiens libanais, tels que Mikhael Naïma et Ilya abou Madhi, œuvraient aussi bien au sein de la terre natale qu'au *Mahjar* (l'émigration), aux États-Unis et au Brésil. Pour nombre d'entre eux, y compris Gibran lui-même, le lien avec l'Occident n'était pas une simple aspiration, encore moins un rêve lointain. Ils le vivaient et en décrivaient les hauts et les bas, les espoirs, les solitudes et les aliénations qu'il suscitait. À la suite de Gibran et de tout le groupe de ses contemporains, la poésie arabe, changeant de facture et de tonalité, n'était plus la même.

Récemment, un universitaire israélien d'origine irakienne, Shmuel Moreh, publia un ouvrage sur cette poésie où il avançait l'idée que les poètes chrétiens avaient subi l'influence de leur liturgie, introduisant ainsi de nouveaux rythmes et des sons différents dans la poésie arabe.

Il importe de noter le rôle significatif, parfois primordial, joué par les minorités religieuses et ethniques dans le renouveau de la pensée arabe contemporaine. Les exemples abondent. Citons celui du copte égyptien Salama Moussa qui, déjà dans les années vingt, fonda la revue *Al Mouktataf* où il exposait les théories scientifiques, notamment le darwinisme. Plus tard, dans les années quarante, il publia avec d'autres chrétiens, notamment Georges Hénein et Ramsès Younane, une revue surréaliste-trotskiste, *Al Majallah al Jadida* (*La Nouvelle revue*). Je ne fais pas ici mention des nombreux écrivains libanais et égyptiens qui avaient choisi d'écrire en français. Ils exprimaient un Orient occidentalisé et s'adressaient à des lecteurs européens et à une élite arabe.

Dans les années trente également, un groupe de jeunes juifs irakiens, dont Anwar Shaoul et Chalom Darwich, fondèrent à Bagdad l'une des premières revues littéraires novatrices, *Al Hassid* (*La Récolte*).

Dans les années quarante et cinquante, l'Occident se présentait sous une autre figure. Il n'était plus l'exemple, la source de progrès et d'émancipation. Le nationalisme arabe le présentait comme l'envahisseur, le dominateur et l'exploiteur. Cependant, ce même Occident n'était pas moins visible voire concret par sa science et sa technologie. Toutefois, les minorités religieuses et ethniques vivaient de plus en plus dans le malaise et les contradictions. Non seulement les minorités juives qui, après la naissance de l'État d'Israël, ont senti davantage souffler les vents de l'hostilité et qui, dans la plupart des pays arabes où elles étaient implantées parfois depuis vingt-cinq siècles, se sont vues contraintes de partir, mais également d'autres minorités comme les Grecs et les Italiens qui ont dû plier bagage.

Regardons maintenant l'autre versant, l'autre face de la réalité. Comment l'Occident voyait-il et jugeait-il l'Orient ? Il n'est point question de revenir aux Croisades pour faire état de l'envahissement de cette région par des puissances européennes. Je voudrais concentrer mes remarques sur la culture et, dans un sens plus précis, sur la littérature.

À partir de la seconde moitié du XIXe siècle, une nouvelle discipline universitaire s'est développée en Europe : l'orientalisme. Des universitaires et des chercheurs (historiens, linguistes, sociologues) se sont lancés dans l'étude de l'Islam, de l'histoire et de la grammaire arabes. Les lettres classiques furent soumises à une exploration systématique par des méthodes de recherche modernes. Non seulement l'Occident découvrait-il toute une dimension de la culture et de la civilisation universelles, mais les Orientaux eux-mêmes étaient exposés à la révélation de leur propre patrimoine. Je veux prendre comme exemple *Les Mille et une nuits*. Celles-ci étaient considérées par les critiques et les penseurs arabes classiques comme faisant partie non pas de la littérature à proprement parler, mais d'une culture populaire qui s'apparentait à l'oralité. Il est vrai que le style de ces contes n'appartient pas à la rhétorique noble des écrivains de l'époque comme Abou Nouas ou Al Jahidh. Cependant, grâce à l'Occident, des écrivains tels que Tewfik el Hakim ont commencé à découvrir toute la richesse de cette œuvre. Ces contes font désormais partie du patrimoine classique des lettres arabes et j'ai récemment entendu le romancier égyptien Ghitani affirmer que le romancier arabe n'apprend point son métier dans les œuvres des écrivains occidentaux et que ceux-ci ont eux-mêmes appris le leur dans *Les Mille et une nuits*.

Il faut dire que, malgré la générosité et la pénétration de ses grandes figures, l'orientalisme fige quand il ne déforme pas une culture et une pensée toujours vivantes. Edward Said l'a bien exposé, citant des faits évidents, même si je ne partage pas toujours ses conclusions polémiques.

Parallèlement aux orientalistes, des universitaires, des savants et des écrivains occidentaux se sont mis à l'exploration d'un Orient devenu une inépuisable source d'exotisme. Dans la peinture comme dans les lettres, on peut remonter jusqu'à Delacroix, Chateaubriand et Flaubert. À l'époque contemporaine, des écrivains comme Pierre Loti, Jean et Jérôme Tharaud ont parcouru le Moyen-Orient et l'Afrique du Nord et ont transmis à des lecteurs français et européens assoiffés d'exotisme les descriptions des mœurs étranges de cités fabuleuses. Si Loti s'intéressait à des hommes et à des femmes qui vivaient différemment, les Tharaud exprimaient une attitude catholique à propos d'une région qui a vu la naissance du Christ. Ils justifiaient la volonté d'une France porteuse d'une civilisation universelle de sortir ces peuples de leur arriération, de les émanciper. Leur public, d'abord français et, par extension, européen, était friand de sensations fortes, de descriptions de contrées aux étranges couleurs et capiteux parfums, et voyait affirmer, ne fût-ce qu'indirectement, sa supériorité. En effet, tout exotique qu'il fût, cet Orient était arriéré, sale. Comme s'il était directement issu de terrifiants contes de fées. Plus tard, d'autres écrivains, notamment André Gide, donnèrent une autre image de cet Orient. Gide a vécu en Égypte et, encore davantage, en Algérie et en Tunisie. Dans son *Journal* et dans son roman *Si le grain ne meurt*, il décrit cette partie du monde comme la région où un jeune homosexuel se sent libre. Il fréquente les bordels et y rencontre Oscar Wilde. Ces contrées lointaines semblaient l'affranchir de la rigueur sociale et de la censure maternelle. Cet Orient mythique dure et on en voit aujourd'hui encore des expressions dans des romans et des films.

Dans les pays méditerranéens, les rapports Orient–Occident sont devenus plus fréquents et ont acquis ces dernières décennies des aspects nouveaux. En Afrique du Nord, c'est dans la langue de l'envahisseur que les écrivains marocains, tunisiens et algériens se sont insurgés contre le colonialisme français. Indirectement, cette présence leur révélait la vétusté de leurs propres traditions. Aussi leur révolte, s'opposant à l'Occident tout en subissant son influence, s'en prenait aussi à leurs propres traditions et archaïsmes.

Alors que dans d'autres pays arabes, notamment en Égypte et au Liban, la traduction des œuvres occidentales fut, pendant de longues années, présente sinon prépondérante, celle des œuvres arabes contemporaines dans des langues occidentales fut très lente. Certes, le *Livre des jours* de Taha Hussein est paru du vivant de l'auteur, chez Gallimard avec une préface d'André Gide et, à la fin des années quarante, la *Scheherazade* de Tewfik el Hakim fut présentée au Théâtre de Poche à Paris. Mais il fallut attendre ces dernières dix années pour pouvoir lire en traduction Naguib Mahfouz, Tayeb, Ghitani et Sonallah Ibrahim. Des écrivains tels que Tahar Ben Jelloun, Mimouni, Boujedra, pour ne citer que quelques-uns, font désormais partie de la scène littéraire parisienne. Ils disent et le passé et le présent d'un monde arabe incertain, parfois ensanglanté et néanmoins plein d'espoir et d'attente.

Pour les écrivains du Maghreb, l'Occident avait et continue à avoir un double visage. Celui de l'autorité étrangère, envahissante et oppressive, et celui du dispensateur de l'apprentissage aux mots de la liberté et de l'affranchissement. Ils adressent à la France, dans son idiome, des expressions de plaintes, de ressentiment, mais aussi inconsciemment de gratitude de posséder le verbe pour dire la révolte aussi bien que l'espoir. Il s'agit d'une génération qui a donné naissance à des *Beurs* — ces Français à la recherche et des racines et d'une intégration à la société où ils ont vu le jour — mais aussi à des écrivains arabophones qui, tout en s'appuyant sur le pays, cherchent à forger, dans des conditions dures et souvent incertaines, une culture du lieu qui ne soit pas condamnée au passéisme.

Tout autre est la condition de l'écrivain arabe du Moyen-Orient. Depuis une cinquantaine d'années, l'Occident rêvé et repoussé à la fois a pris la figure d'une présence intime et voisine, celle d'Israël.

Ce peuple adversaire et proche n'a pas choisi les langues de l'Occident pour dire et le retour et le renouveau, mais cette langue antique, sœur de l'arabe, la langue biblique. Il est plus dur, plus difficile d'accepter la réussite d'un frère, d'un cousin que celle d'un lointain étranger. Israël est devenu pour des écrivains égyptiens tels que Sonallah Ibrahim, Ghitani, des Libanais comme Elias Khouri, le point fixe, adverse et comparatif : un Occident proche et lointain, qui fascine et que l'on repousse. Pour les Palestiniens, il s'agit d'un sentiment de perte, de spoliation et d'une possible réconciliation avec une terre et avec une société renouvelée.

Pour le nouveau territoire de la parole de colère, de la division, mais aussi de l'appel à la réconciliation des voix s'élèvent, diverses, dispersées en Occident et qui s'expriment, d'abord, en français. Des noms ? Andrée Chédid, Vénus Khoury Ghatta, Amin Maalouf. Ceux qui continuent à écrire en arabe, le Syro-Libanais Adonis, l'Irakien Buland al Haydari. De leur côté, des écrivains juifs et chrétiens disent leur Orient, semblable, douloureux, nostalgique et singulier, Albert Memmi, Albert Bensoussan, Robert Solé, Paula Jacques, Chochanna Bokhabza. Moins nombreux sont ceux qui, comme l'Irako-Palestinien Jabra Ibrahim Jabra, ont choisi l'anglais comme langue d'expression.

Il importe de signaler un autre phénomène. Une partie importante de la littérature arabe actuelle est une littérature d'exil. Des revues arabes sont publiées à Londres et à Paris et des maisons d'édition de langue arabe sont nées en France et en Allemagne.

Il est plus difficile que jamais de tracer les frontières entre les deux bords de la Méditerranée. La
culture arabe est désormais installée à Londres, Paris,
Francfort, Cologne, Stockholm, Amsterdam et
Helsinki. Des écrivains venus de l'autre rivage de
cette mer s'expriment dans la langue de leurs coloni-
sateurs d'hier. Les langues européennes, elles-mêmes
et d'abord le français, se modifient par la présence et
l'expression d'écrivains porteurs d'une culture
séculaire et d'un présent d'interrogation. Souvent
séparés de leurs publics, des écrivains vivent dans
l'attente, expriment les possibles, mais, du fait même
de la continuité de la parole, affirment un avenir.

JE NE VEUX PAS COMPRENDRE

En 1941, j'avais treize ans. Un gouvernement pro-nazi avait pris le pouvoir en Irak et déclaré la guerre aux Britanniques qui détenaient des bases militaires dans le pays. Le chef de ce gouvernement, Rachid Ali al Gaylani, attendit en vain le secours des Allemands. Hitler préparait alors l'invasion de l'URSS. Quelques semaines plus tard, l'armée irakienne, en déroute, quitta la capitale, Bagdad. Pendant deux jours, alors qu'on attendait l'arrivée des armées britanniques, la ville fut livrée à elle-même. Ce fut le *Farhoud*. Des hordes de nomades qui campaient dans les alentours, rejointes par des musulmans des quartiers populaires de la ville, se livrèrent au pillage des quartiers juifs, assassinant plusieurs centaines d'hommes et de femmes et blessant des milliers d'autres.

Nous étions les victimes de Rachid Ali, certes, mais, dans notre esprit, le véritable coupable était son inspirateur, son ombre tutélaire : Hitler. Les Allemands étaient donc nos ennemis. Ils voulaient notre mort même, comme c'était le cas du *Farhoud*.

Ils agissaient par intermédiaires, avaient recours à des hordes, outils et instruments.

Grâce à une bourse du gouvernement français, j'ai quitté Bagdad en 1947, pour aller à Paris, poursuivre mes études à la Sorbonne.

Libéré trois ans auparavant, Paris présentait le visage d'une ville en effervescence mais qui souffrait encore des années d'austérité et de disette de l'occupation allemande. L'espoir était neuf et immense de bâtir une société nouvelle, mais on parlait fréquemment des Allemands et de leurs collaborateurs français.

Ayant vécu dans un pays dont l'immense majorité de la population était illettrée, j'avais une foi naïve en la vertu du savoir et de l'éducation. Quel ne fut mon désarroi de découvrir qu'on pouvait à la fois être porteur de diplômes universitaires et nourrir de tenaces préjugés racistes. Souvent, des Européens apparemment cultivés m'apparaissaient plus obtus, plus ignorants que les bédouins des régions les plus reculées d'Irak.

Puis, à l'Université et surtout dans le milieu juif que je cherchais à fréquenter, je rencontrai des miraculés, des hommes et des femmes qui se dégageaient péniblement de la torpeur, de l'hébétude dans lesquelles les avaient plongés les années du règne nazi.

Je me demandai alors qui étaient ces Allemands que je n'avais jamais vus, sauf dans des films ou dans les actualités cinématographiques. Leurs victimes, dont les histoires hantaient désormais mes nuits, étaient présentes. Des miraculés. Chacun avait un récit aux péripéties invraisemblables, inattendues avec des fins heureuses de sauvetages et d'évasions.

Tenant simplement compte des parents, des proches de ceux qui étaient à la fois tristes et émerveillés d'être là, je m'apercevais qu'ils représentaient une petite, une infime minorité et que l'immense majorité avait été emportée dans la tourmente.

De jour en jour, de semaine en semaine, je me rendais compte que la catastrophe avait des dimensions que je ne parvenais pas à mesurer, que la tragédie était aussi immense qu'incompréhensible, mais aussi que ces Juifs, qu'ils fussent de Varsovie ou de Salonique, étaient mon peuple, mes proches, ma famille. Ce qu'enfant j'avais vécu à Bagdad me faisait ressentir, dans ma chair, ce qu'auraient pu être les suites du *Farhoud,* ce que furent, en Europe, pour d'innombrables membres de mon peuple, de ma grande famille, les suites de tels commencements.

Je n'avais pas vu d'Allemands. Monstres mythiques dont la simple évocation m'emplissait de frayeur. Fantômes d'ogres qui, dans mon imagination, n'avaient aucun lien avec les Beethoven et Bach, que je découvrais alors dans l'enchantement et la joie.

En 1949, l'occasion s'est présentée d'aller voir ces figures mythiques dans leur antre. Je l'ai saisie. À un colloque tenu en Hollande, j'avais fait la connaissance d'Allemands socialistes et ils m'invitèrent à leur rendre visite.

Hambourg était alors une ville en ruine. Je fus reçu dans la famille de Hans. Son père n'était pas hitlérien mais avait fait son service militaire. Pour sa mère, j'étais un enfant en visite. La famille me prit en charge. On me fit visiter la ville. Quand il m'arrivait de m'y trouver seul et que je demandais mon chemin, on m'indiquait la direction avec une bienveillance

qui, souvent, allait jusqu'à la sollicitude. Une gen-
tillesse qui allait bien au-delà de la politesse et de la
courtoisie. Je regardais des hommes et des femmes qui
allaient au travail, rentraient chez eux, et je cherchais
à lire sur leurs visages les traits des assassins de mon
peuple. Où étaient donc les Allemands ? Où étaient-ils
passés ? Ces hommes et ces femmes qui vaquaient à
leurs besoins pouvaient-ils être les tortionnaires, les
gardiens des camps qui, dans les films, hurlaient,
marchaient au pas, persécutaient les innocents, des
hommes, des femmes et des enfants démunis ? Où se
cachaient-elles, les hordes hitlériennes ?
     J'étais seul dans la rue et j'étais pris de peur. À
peine deux ans plus tôt, les sbires du régime auraient
lu sur mon visage le secret de ma naissance et
m'auraient expédié au camp rejoindre mon peuple
dans son destin. Et là, on me côtoyait sans faire
attention, je passais inaperçu. Personne n'allait me
dénoncer. Je foulais du pied un terrain miné et rien
ne m'arrivait. Je traversais la rue dans l'indifférence
des geôliers masqués, imperceptibles. Je ne cessais de
me demander où s'aggloméraient les tortionnaires de
mon peuple. Les histoires des rescapés m'accompagnaient, me hantaient. Je me sentais coupable de me
trouver là, de me promener librement dans des rues
minées dont les empreintes de tortures et de douleurs
m'étaient invisibles. Étais-je insensible, sourd aux
voix qui surgissaient assurément à tout coin de rue
pour dire la mort et crier l'assassinat ?
     Pendant vingt, trente, quarante ans, je ne cessai
d'écouter les récits de l'immense maison de mort
qu'était devenue l'Europe. Je lisais, je participais à des
débats. Je récitais des prières. Et je m'enfonçais de

plus en plus dans le tunnel de l'inexplicable. Non pas l'absurde mais l'incompréhensible. Au faîte de son développement, une civilisation avait choisi la mort. Au sommet de sa conquête de l'esprit et de la pensée, de la science et de l'art, un pays avait opté pour l'annihilation, décidé de se suicider.

Je suis revenu sur les lieux. J'ai revisité le pays. Je me suis entretenu avec les enfants de la tourmente et avec les héritiers de ceux qui l'ont perpétrée. Accablé par les traces, les évocations, je ne comprenais toujours pas, je ne parvenais pas à comprendre. À Worms, j'ai visité le plus ancien cimetière juif d'Europe et, à côté, flambant neuve, la synagogue Rachi, reconstruite par la Ville et l'État, réplique de celle, séculaire, qui fut incendiée par les nazis. Mais voilà ! Il n'y avait plus de Juifs pour lui redonner vie. Dans la petite ville rhénane où Martin Buber a vécu, on a conservé sa maison, la consacrant à l'amitié judéo-chrétienne. On a fouillé dans un garde-meuble pour dénicher un vieux sofa où le maître s'asseyait. Mais le maître a refusé de remettre les pieds dans la petite ville paisible. Dans les allées et les rues bordées d'arbres et de petites maisons coquettes, les voisins avaient subitement cessé de le saluer. De notabilité il était passé à paria. Il était parti à temps. Lui non plus ne comprenait pas, et plus encore, il ne voulait pas comprendre. Plus tard, on insista ; les Allemands de sa vieille ville lui demandèrent de rentrer, de se retrouver dans ses lieux ; il leur opposa une fin de non-recevoir. Ses lieux avaient disparu et sa ville était engloutie dans une mémoire sombre, ineffaçable.

Il est suffisamment difficile de vivre sans aviver l'absence, le retrait de ce qui était là, de ce qui était vie. Je regardais le sofa, banal, abîmé, où le grand penseur se reposait jadis, et ressentais la douleur de la disparition, de la mort. Les mots de Buber vivaient d'autant plus en moi que son lieu était marqué par l'absence.

À Munich, je pris le train pour Dachau, grande banlieue dont, à la gare, on indiquait le centre culturel. Certes, le camp de concentration était là aussi. Des enfants jouaient dans les parages, des femmes rentraient chez elles avec des emplettes. La vie ordinaire. Je scrutais les visages des passants. Des hommes, des femmes me côtoyaient, impassibles, indifférents. Des charognards, des criminels et des enfants de criminels. Ils ne comprendraient pas ce que je ressentais. Ils ne faisaient que vaquer à leurs occupations, hier comme aujourd'hui, alors que le camp, hier comme aujourd'hui, avec le gazon, les arbres et les fleurs, abritait les fours de la mort. Les habitants actuels de Dachau ne comprendraient pas que je puisse les assimiler à leurs parents et à leurs grands-parents, ceux qui allaient à leur travail en côtoyant la mort, qui buvaient paisiblement leur bière, indifférents à la pire barbarie qui sévissait à leurs portes, sous leurs fenêtres.

Je suis resté plusieurs jours à Munich, cherchant inconsciemment à découvrir, à retrouver la réalité des murs et des rues. Autour de moi, les visages surgissaient, ombres noires, hallucination et cauchemar. Je vivais, partagé entre le quotidien ordinaire et la hantise d'une barbarie qui, à tout moment, me semblait-il, allait éclater sans que j'y puisse prendre garde.

Je croyais savoir ce qui s'était passé. Cependant, les témoignages affluaient et n'expliquaient rien. Au contraire. Ils ne faisaient que me plonger dans une obscurité plus opaque. .

Je lisais l'histoire de l'antisémitisme, l'histoire de l'Europe, celle des Juifs et celle du christianisme. Des lueurs, des percées dans l'inconnu. Et, ici et là, une étincelle. Le terrain était fertile, certes, mais pour en arriver là ? Comment cela a-t-il pu se produire ?

Les maîtres à penser ? Les philosophes ? Les hommes politiques ? Pourtant, les événements auraient pu basculer tout autrement, dans une direction opposée. Les *Lumières*, Goethe, la musique... Les ingrédients d'une dérive, d'un imperceptible glissement vers l'horreur ? Mais pourquoi ? Pourquoi ?

La religion ? Laquelle ? Un christianisme dévoyé ? Le silence des croyants ? La complicité d'hommes de foi ?

Depuis l'Inquisition, l'histoire de l'Europe abonde en soubresauts maladifs, en fièvres de violence. On les croyait apaisés, colmatés, le continent guéri.

J'ai même lu les écrits hitlériens. Des conflits ethniques ? Pourquoi cette place unique, particulière réservée aux Juifs ? Oui, les Slaves ne jouissaient pas de la faveur du dictateur, mais pourquoi cet acharnement contre les Juifs ? La race ? Les Aryens blonds aux yeux bleus ? Qui ? Hitler ? Goebbels ? Je me promenais dans les rues de l'Allemagne et remarquais ces Aryens dispersés dans la masse de bruns de toutes les nuances. Et les Juifs blonds aux yeux bleus ? Prétentions ridicules que de soi-disant savants étudiaient, supputaient. Ils n'étaient que des techniciens au service d'une machine de mort.

Non, ce n'est pas cela. Ainsi le deuil ne prendra jamais fin et la douleur sera toujours aussi vive. Et je reste dans le noir.

Il y a quelques années, une femme dans la soixantaine me raconta son enfance à Auschwitz. Ses parents étaient morts sous ses yeux et elle se demande encore aujourd'hui s'ils ne se seraient pas sentis aussi coupables d'être encore vivants, s'ils lui avaient survécu. Qu'y a-t-il à comprendre? me demanda-t-elle.

Je ne comprends pas ce qui s'est passé et mon deuil est toujours aussi vif. Il n'y a rien à comprendre. Et, de plus, aujourd'hui, j'ai terriblement peur de comprendre. Car il faudrait alors trouver le moyen de continuer à vivre. Non, je ne veux pas comprendre. Jamais.

LA TRISTESSE

Naji était mon ami d'enfance. Nous nous sommes connus à cinq ans à l'école et nous sommes restés inséparables jusqu'à mon départ pour Paris à dix-huit ans. L'intensité de notre amitié était accentuée par nos choix communs et par les circonstances de notre vie à Bagdad. En classe, nous étions les seuls littéraires parmi des enfants qui se destinaient aux professions libérales et qui sont devenus ingénieurs, médecins, commerçants. Plus tard, au lycée et dans le milieu littéraire qui en était aux balbutiements, nous étions les deux seuls Juifs dans une société musulmane.

Les premières années après mon départ, notre correspondance était aussi intense que fréquente. Puis Naji quitta lui aussi Bagdad et partit clandestinement pour l'Iran. Après la naissance de l'État d'Israël, les Juifs ne pouvaient plus quitter officiellement l'Irak. De là, il se rendit en Italie où il se lança dans l'import-export, épousa une Italienne et devint père de trois enfants.

Nos lettres s'espaçaient, mais à chacun de mes voyages en Europe, nous essayions de nous revoir soit chez lui, à Milan, soit à Paris ou à Genève. Il lui arrivait aussi d'effectuer des voyages en Amérique et il faisait alors un saut pour passer quelques jours à Montréal.

Quand nous nous voyions, nous parlions de nos nouveaux pays — l'Italie pour lui, le Canada pour moi. Puis, pour retrouver notre intimité d'antan, nous évoquions notre enfance et notre adolescence communes. À cinquante-cinq ans Naji fut frappé par le cancer. Je lui téléphonai un jour de Paris :

— Je n'arrive pas à bouger, me dit-il, autrement je serais venu te voir.

Puis, quelques instants plus tard :

— Il vaut mieux que tu ne me voies pas.

Je l'ai pensé moi aussi ; le sachant mourant, voulais-je, égoïstement, garder l'image de la jeunesse et de l'énergie de nos vies d'hommes ? Je n'ai su sa mort que quelques mois après sa disparition.

— Tu ne le savais pas ? », me demanda sa femme au téléphone.

Non, je ne le savais pas. Je ne voulais pas le savoir.

Depuis ce temps, je pense très souvent à lui. Je n'ai pas été frappé par la douleur de son départ — la vie nous avait éloignés —, mais je savais qu'il était là, qu'il était avec sa femme et ses enfants, dans le pays qu'il avait fait sien.

Au cours des vingt dernières années, nous nous étions vus six ou sept fois, et chaque fois, pour deux ou trois jours. Nous croyions notre amitié aussi vivace, aussi solide qu'elle l'était au temps où nous découvrions le monde. Nous avions besoin de le croire. Peut-être étions-nous l'un pour l'autre une évidence nécessaire, celle que notre enfance avait véritablement eu lieu, qu'elle avait réellement existé. Chaque fois que je mets le pied en Italie, la douleur me frappe. Naji n'est plus là ; il est parti définitivement. Et puis, au bout de quelques jours, je me rends compte que nos souvenirs communs furent si épars, si rares, et c'est alors que la douleur s'atténue, relayée par ce qui la prolonge, la tristesse. La disparition de mon ami crée un vide, une vacuité à l'intérieur du temps, car ce temps n'a pas existé, n'a pas eu lieu.

Nous étions amis et nous n'avons pas vécu notre amitié. Nous n'avions pas eu le temps — cette chance, ce loisir, ce privilège — de l'éprouver dans une présence quotidienne, continue, ininterrompue. Cette amitié n'était ni une chimère ni une abstraction. Nous l'avions ressentie, elle nous a habités, nourris. Et au passage des années, nous l'avions comme reléguée dans une mémoire seconde, abritée dans un espace inamovible qui traverse le temps, en ignore le déroulement qui est lieu d'une attente indéfinie, sans terme.

Or la mort frappe, coupe le fil. C'est le terme de l'attente qui élimine l'espace privilégié, réservé à ce temps qui repose sur le passé, contourne le présent et préserve l'avenir. Je me rends compte que, tout au long des années, j'ai mis le présent entre parenthèses, suspendu entre un passé qui est un ailleurs et un avenir qui est une promesse. Et tout à coup, espace disparu, notre amitié est privée d'un futur, dépouillée d'un présent qui ne l'était pas, transformée en passé puisque nous l'avons vécue comme attente. Est-ce cela alors la tristesse, la vie qui n'a pas eu lieu, qui n'aura pas lieu ? L'irrémédiable était suivi d'une attente, d'une confiance dans la rencontre. Elle fut rare et quand la fin a frappé, elle est apparue inaccomplie. Il n'y a plus de retour ni de recours. C'est cela la tristesse. Ni regret, ni nostalgie, mais un arrêt du temps, sa dissipation dans l'inabouti.

J'ai souvent quitté des villes où j'étais passé, où j'ai élu domicile. Je les ai quittées, sachant qu'elles seront là, telles quelles, à mon retour. L'espace fixe donne confiance dans le retour. Celui-ci est voulu, désiré, souhaité ; les circonstances, le hasard, existent et persistent, mais j'arrive à les infléchir par une volonté dictée par le désir. Il y eut dans ma vie des lieux que je n'ai jamais quittés, que j'ai emportés comme un bien et comme garants de continuité de vie. D'autres lieux — et c'est le cas de ma ville natale —, je les ai quittés sans espoir de retour. Je les ai repris, réinventés, préservés dans des écrits. Le récit que l'on fait d'une ville, d'une rue, d'une maison, les prolonge en nous, les constitue comme dimension d'une mémoire et dimension de l'être. Ces lieux se dissipent, s'évaporent dans une conscience intime souvent secrète, nous accompagnent, nous guident et finissent par devenir physiquement inexistants, redondants, inutiles. S'il nous arrive d'y retourner, ils nous apparaissent méconnaissables et disparaissent dans une conscience qui intègre et mêle mémoire et imaginaire. Il y a aussi les lieux d'enchantement. Un jardin dont nous avons humé les parfums : enfant, un bord de fleuve fleuri que nous parcourions au son de chants. Nous nous retrouvons dans des allées desséchées, des rues désertées par les visages connus et aimés. Nous nous sentons orphelins dans un espace qui nous prive de la promesse de poursuite du temps. Ni détruites, ni assassinées, ces rues ne peuvent plus être reconstruites sauf lorsqu'elles sont reconstituées dans le récit, réinventées par l'imaginaire. Revoir ces lieux nous plonge dans la tristesse. Le temps s'était arrêté, nous sommes revenus et nous nous sentons trahis. Avions-nous volontairement abandonné cette part d'une enfance qu'aucune mémoire physique, fût-elle embellie et chargée de nostalgie, ne peut plus faire revivre ? C'est la tristesse du retour alors que le temps nous a transformés et qu'aucun lieu ne peut plus défaire son passage.

Il y a aussi les lieux d'un moment de bonheur, d'un instant : nous y revenons pensant retrouver l'instant, mais nous sommes en présence d'un champ muet, d'un territoire sourd et désemparé. Nous savons que ce bonheur est passé et qu'il est sans retour ; nous nous battons avec notre tristesse qui nous livre à la léthargie, à la résignation face à la mort de l'instant. Nous allons le faire revivre et en inventer d'autres.

Que nous laisse l'amour quand les moments de bonheur et de plénitude passent et disparaissent ? Il y a les ruptures. Elles nous plongent dans la détresse et la douleur, et longtemps après, leur rappel ranime le mal que nous ressentons alors comme manque. Il y a des ruptures qui sont des abandons et des déchirements ; longtemps après, elles resurgissent. On se sent coupable de n'avoir pas su vivre le moment et floué d'en avoir été privé. Le mal demeure et revient lancinant. Il y a aussi les amours avortées, les amours qui n'ont pas abouti, qui n'ont pas eu lieu. On les éprouve comme frustration, comme destin réprimé.

Avait-on refoulé si longtemps ce désir qu'il fallût un désir brisé pour qu'il remonte à la surface? Il y a, enfin, les amours qui s'épuisent. Elles vivent leur espace et le temps les effrite. Un visage aimé, chéri, devient son propre masque, se dissipe dans le méconnaissable. Le rappel n'est plus que le relent d'un frisson qui s'était atténué, laissant la place à un souvenir, une habitude. La mémoire ne l'a pas retenu, il n'y a pas de regret puisque nous l'avons vécu, pleinement épuisé. Il n'y a ni déchirement ni frustration puisqu'il n'y eut ni abandon ni rupture. Il y eut un commencement et une fin, une naissance et une mort, un cheminement lent, quasi imperceptible de l'une à l'autre. La tristesse nous saisit alors, nous empoigne, nous pénètre insidieusement. Comment réagir alors qu'elle nous accompagne telle une fatalité sans que nous puissions mettre le doigt sur un moment précis, un lieu où nous fûmes acteurs de notre destin, responsables de la naissance et de la mort de notre amour? Le visage méconnaissable nous hante alors. Y a-t-il jamais eu d'espace alors que le temps s'était rompu?

Au cours de la cérémonie du mariage juif, le marié brise un verre avec son pied. Ainsi, au moment de la réalisation de la promesse, alors qu'il entre dans la vie, dans une vie nouvelle, à cet instant où le bonheur n'est pas seulement ressenti, éprouvé, mais affirmé devant une foule et attesté par elle, à ce moment précis, le Juif doit se rappeler et rappeler que le Temple a été détruit et que la tristesse demeure présente au cœur même du bonheur. Cette tristesse n'est pas l'espace perdu ni le temps rompu mais la mémoire d'une brisure, brisure qui devient une tristesse immémoriale, continue. L'histoire existe alors non pas comme victoire et conquête, mais comme arrêt, brisure non réparée. Certes, dans ce moment de bonheur il y a un engagement à ne pas oublier, à construire une vie, à la poursuivre, seule réparation accessible à l'homme dans sa solitude d'individu. Cette tristesse n'est pas un simple fait de l'histoire ; elle n'est pas née d'une circonstance. Elle ne persiste pas dans la durée. Elle est présente, sous-jacente à l'être, l'accompagne dans toute sa démarche. Le monde est brisé. Il exige réparation. Tristesse existentielle, à condition qu'elle ne soit pas par facilité et confort reléguée à l'abstraction. Tristesse dans le temps qui surgit comme mémoire, instantanée dans la durée. Elle se prolonge dans le temps, tant que le monde n'est pas réparé, tant que la création n'est pas refaite par l'homme et tant que le messie ne vient mettre fin au temps.

Le monde ne cesse d'être démoli et l'humanité détruite par l'homme. Le spectacle de l'horreur est une blessure et une douleur avant de s'apaiser et rejoindre cette rêverie souterraine de tristesse qui nous habite. Devant le monde inaccompli, nous sommes résolus à mettre la main à la pâte ; la tristesse est alors résorbée dans l'action mais revient plus forte quand nous nous apercevons de l'humilité de nos moyens et de l'impuissance de notre effort.

On se bat efficacement contre la tristesse quand on en est conscient et quand on l'assume. Elle passe, se transforme en mélancolie, en angoisse et en désespoir quand on s'isole du lien et qu'on ne vit plus dans une durée. La mélancolie est une humeur, un état intérieur et elle n'a pas besoin d'une cause, d'un motif pour envahir une personne. Le désespoir surgit quand les portes du temps et de l'espace semblent toutes fermées.

Le sentiment d'une fin, fût-elle lointaine et quasi abstraite, installe en nous une tristesse insidieuse et irrémédiable. On œuvre volontairement dans l'inconscience de cette fin, mais à des moments inattendus, on sent la fragilité de l'action. Dans trente, vingt, dix ans, nous ne serons plus là et le monde poursuivra sa marche. Nous aurons des successeurs et des descendants, mais nous ne serons plus là. Au crépuscule de la vie, on se met à se dire : cette ville, on ne la reverra plus et cette personne, on la voit pour la dernière fois. On réagit. La vie a une fin, mais elle renaît chaque jour et éclate dans l'instant. Elle étouffe, éloigne l'incessante tristesse qui, par moments, surgit et surgira en dépit d'une invocation de poursuite dans la succession, malgré la présence, pour certains, d'un au-delà. Paradoxalement, cette tristesse nous invite à vivre la plénitude, l'éternité du moment. Elle est conscience de vie.

RÉFLEXIONS SUR LA PAIX

La paix n'est pas l'absence de guerre mais un parachèvement, une harmonie, une plénitude. Ce qui veut dire qu'il n'est pas question d'une oblitération volontaire, d'un oubli programmé des conflits, des affrontements et des contradictions.

J'ai dit parachèvement. Parachèvement de quoi ? Je suis conscient, en observant le déroulement du quotidien, des manques, des édifications avortées de l'imaginaire, des rêves entravés, en suspens. Je n'ai pas le choix si je veux vivre le désir. Autrement, je tombe dans la paralysie de la résignation ou bien je me révolte, ayant recours à une violence intérieure, fût-elle verbale, à moins de chercher à œuvrer humblement pour un parachèvement, même modeste et temporaire. Un passage.

Je répète. Je n'ai pas le choix. Ou je pars en guerre, quitte à risquer d'être écrasé, ou je tente une percée sur la voie de la paix. Je dois me rendre compte et admettre que celle-ci n'est pas une donnée. Elle est découverte et édification. Le chemin le plus court pour battre le manque est le cri, le hurlement. Je préfère néanmoins celui du murmure dont l'aboutissement est incertain.

En dépit des miroitements, des reflets qui cachent la présence du réel, le dissimulent plutôt que de le révéler, j'opte pour le chuchotement, fût-ce à travers le tremblement. Je brave la peur. L'échec dessine son profil devant moi. Je cherche néanmoins à éviter la dissonance et je m'écarte des feux éphémères de la rampe.

L'harmonie est une quête qui me fuit et que je n'arrive pas à saisir. Je persiste. Je ne refoule pas ma pulsion et ne cabre pas mon désir. Je tente de les vivre dans un accord qui n'est pas le confort mais qui n'est pas non plus, en dépit des apparences, la violence et la négation. Je n'échappe pas au combat et la lutte est désormais intérieure. Je fais face au verbe qui me révèle le visage de l'adversaire et de l'ennemi. Mais c'est contre moi-même que je me bats. Allant au-devant du désir, je le vis même si son exigence m'essouffle, peut me briser.

Constamment au seuil de l'affrontement, la guerre menace toujours de m'entraîner dans l'arène. La douceur revêt alors la couleur, semble prendre forme dans la silhouette de la faiblesse, de la fuite, de l'évasion. Je ne dois pas accepter de m'effacer mais, au contraire, j'affirme l'impossible recherche de l'harmonie. Ce n'est point un exercice solitaire mais un jeu qui se joue à deux ou à plusieurs.

À chaque instant, je constate que le parachèvement est un mouvement, qu'il n'est jamais atteint. Il importe que la marche se déroule, s'effectue sous le signe et le règne de l'harmonie.

Même si la douceur est une voie ardue, elle n'empêche pas la résistance à la brutalité et à la force. Au contraire, elle guide l'opposition à la violence et, tout en ne l'ignorant pas, elle ne s'y résigne pas, ne s'y soumet pas. L'harmonie est une longue marche qui s'établit sur un équilibre lentement conquis. Fragile, elle est à tout moment menacée par l'éphémère. Toutefois, elle est aussi une habitude, une manière de vivre, d'accueillir le jour et de faire face aux revers, aux obstacles et aux pièges.

Le premier barrage qui protège et sauvegarde cette harmonie est l'accord intérieur, si difficilement atteint. Nous opposons notre désir à un monde souvent hostile et nous croyons résoudre nos contradictions en les confondant avec celles du monde. Comment trouver le repos, fût-il momentané, alors que le monde brûle autour de nous? Plus précisément, plus concrètement, comment mettre des enfants au monde alors que la terre n'est que précipices et pièges? Ceux qui sont en quête de la paix savent, plus que tous les autres, que nous ne décidons pas de la vie. Tel un don gratuit, nous l'accueillons. Autrement, nous cherchons abri dans le confort, la quiétude et l'oubli.

Dans le chemin rocailleux de l'harmonie nous nous approchons aux avant-postes de la grande lueur, celle de la plénitude. Nous l'entrevoyons et elle semble nous fuir, nous échapper, car, par ses miroitements séducteurs, elle nous donne le goût du repos. Nous savons alors que le jour du repos n'est pas celui du départ, de l'oubli, du divertissement et de l'inertie. Le jour du repos est celui de l'essentiel, du retour sur soi et sur le lien avec l'autre, un lien de garde et de responsabilité. On agit en ce jour, car, dans l'arrêt, la halte, nous poursuivons le déchiffrement du sens qui confirme la plénitude et la transforme en état, même si elle n'est atteinte que par moments.

Quand nous parvenons à ce sommet, celui du repos et de la plénitude, nous devenons conscients qu'au cœur du quotidien, dans la banalité des tâches et des gestes, une ligne se dresse qui sépare l'essentiel du fortuit, le sens de la vacuité, le silence de l'agitation. Ces moments se situent entre la fulgurance et la prière, le désir et la louange, l'attente et la célébration. Au cœur du mouvement, le repos nous apparaît alors comme une vibration silencieuse qui, dans la douceur, nous conduit à l'harmonie.

Que peut-on opposer à la brutalité et à la violence, quand on ne se résout pas à une violence contraire, sinon ce silence obstiné, la persistance dans la quête de l'accord? C'est alors que nous assistons à la naissance de la parole. La puissance du mot peut contrecarrer la cruauté des gestes. Nous savons que dès que la parole est tue et que les mots cèdent, la violence surgit et s'installe.

La parole n'est pas une défense, une opposition, mais un point de départ, une naissance. Elle fraye son chemin dans la fragilité, à travers les embûches et les temps d'incertitude. C'est un perpétuel commencement, une continuité alors que la violence, même quand elle triomphe, est l'arrêt, l'impasse, car, synonyme de mort, elle est définitive dans ses surgissements successifs. Elle ne renaît dans un nouveau fracas que dans sa menace de la parole et dans sa négation du mot.

Et l'écrivain ? Je n'ai cessé d'en parler. C'est lui qui, humblement, est le porteur de la parole, lui qui donne au mot sa préséance sur le bruit. Il est évident que les mots de guerre existent, mais c'est qu'alors la puissance du retentissement de la parole est assourdie par le vacarme, et quand l'écrivain prête sa voix à la destruction, il est censé savoir que la première victime est la parole dont il a la garde. Il ne trahit pas mais change de place. Il abandonne la sienne et laisse la parole se dissoudre dans le bruit.

L'écrivain ne se sert pas des mots pour manipuler la parole, sauf s'il décide de quitter la littérature et, à travers elle, la route du repos et de la plénitude. Quand il ne se résigne pas au règne de la violence, il se bat avec ses propres armes qui ne sont pas celles de la guerre.

Au cœur de la mêlée, il est une présence qui rappelle un monde autre, celui de la parole, celui de l'harmonie. Bien sûr, il peut être appelé à se battre contre la violence. Toutefois, il ne chemine pas alors du côté du conquérant et il ne favorise aucun camp, persistant simplement sur sa propre voie, celle de la recherche du repos qui n'est pas un rêve, ni même un idéal lointain, mais un réel d'où sourd la vie. Son combat se situe dans sa prise de parole. Il se bat avec ses mots, ses propres mots non pas dans la négation mais en faisant usage de toutes les ressources de ses connaissances et de son talent, pour redire et réaffirmer que sa voix est celle de la plénitude, du repos, en d'autres termes celle de la paix.

Loin de moi l'idée de prôner l'évasion devant un réel brutal, de fermer les yeux face aux perpétuels carnages. Le monde de la guerre existe. Il est omni-

présent, envahissant. Pour le contrer, il faut tenter de
ne pas entrer dans son jeu, et tout en se défendant, de
ne pas se contenter d'opposer la guerre à la guerre, la
violence à la violence et de s'engager dans une
chaîne ininterrompue où les victimes se transforment
en bourreaux.

Je ne parle pas de non-violence, de neutralité. Je
ne prône pas que l'écrivain doive se tenir au-dessus
de la mêlée. Car celle-ci finit immanquablement par
le rattraper. Ce que je tente de dire c'est que si nous
devions nous défendre, il importe de le faire, de
chercher à le faire, avec lucidité, dans la conscience
que nous y sommes forcés afin de sauvegarder le droit
à la vie.

L'écrivain partage tous les devoirs et toutes les
responsabilités de l'ensemble des citoyens, mais il a,
en plus, la charge de ce qui fonde son passage dans le
monde : la parole. Écrivains, nous sommes les gardiens de la parole et celle-ci ne se fait entendre que
dans les occasions de paix. Il s'agit d'occasions, de
clairières dans de sombres forêts qu'il faut s'efforcer
de préserver. De plus, cette parole est aussi un lien,
un sanctuaire où les belligérants sont invités à
déposer leurs armes. Ce serait peut-être momentané,
l'espace d'une halte, mais cela nous donne la sensation que la paix existe, qu'elle est désirable et qu'elle
est la seule véritable conquête.

DU CREUSET À LA DIFFÉRENCE CONFORME

Des générations d'immigrants ont vécu aux États-Unis sous l'emprise d'un mythe, celui du *melting pot*, le creuset. L'Amérique proclamait que, dans leur quête du bonheur, les pauvres et les persécutés du monde entier trouveraient dans cette terre nouvelle liberté et espoir. Religions, cultures vivraient côte à côte. Les ethnies se fondraient dans le creuset d'un homme nouveau.

Ce rêve fut, dès le départ, entaché par l'esclavage qui, après son abolition, a persisté et survécu dans le racisme. De plus, l'homme blanc lui-même n'a pas surmonté ses propres discriminations et ses hiérarchies. Seul dans sa poursuite d'une liberté qu'il ne pouvait atteindre que les armes à la main, il défrichait un sol parfois ingrat, en le débarrassant de l'indigène et, quand les besoins de l'exploitation de la nature exigeaient une main d'œuvre supplémentaire, en le peuplant d'esclaves importés.

Des générations se sont succédé qui ont connu la guerre civile, les envahissements sauvages du territoire mais aussi son développement : des richesses furent accumulées et une partie de la population a gagné le confort et un relatif bien-être. Une société industrielle, moderne, est née et l'homme américain pouvait, face au monde, et surtout à une Europe déchirée par les guerres, deux fois en ruine s'enorgueillir d'un niveau de vie sans équivalent dans l'histoire. Et pourtant, on s'est aperçu que l'abondance, même inégalement distribuée, n'a pas mis fin au racisme ni effacé les différences ethniques.

L'élection de Kennedy à la présidence a marqué la société américaine d'abord par la jeunesse, la vigueur de pensée d'un homme qui exprimait l'espoir d'un changement, d'un nouveau départ. Cette élection était aussi hautement significative du bouleversement des hiérarchies ethniques et religieuses. Kennedy était catholique et irlandais. Ainsi, pour la première fois de leur histoire, les États-Unis haussaient au rang suprême de la hiérarchie deux groupes. Traditionnellement, en effet, le président était un blanc, anglo-saxon, protestant (*WASP : White Anglo Saxon Protestant*). On s'aperçut alors, par son bouleversement même, que la hiérarchie ethnique et religieuse existait bel et bien. Du coup, le mythe du creuset était déboulonné. Certes, des œuvres littéraires et des études sociologiques avaient amplement démontré la persistance des clivages et des frontières ethniques et religieuses. Est-il besoin de rappeler les romans de Richard Wright, de Ralph Ellison et de James Baldwin qui dénonçaient la violence raciste ? Les romanciers juifs, Saul Bellow, Bernard Malamud et Philip Roth et, sur un registre plus populaire, Herman Wouk, faisaient entendre un autre son de cloche ne dénonçant pas l'Amérique ni ne chantant sa gloire. Fils ou petits-fils d'immigrants, ils affirmaient leur appartenance à cette terre de promesse sans renier leur attachement à leur culture d'origine. Dans leurs œuvres, l'Américain ne se fondait pas dans le creuset et l'anonymat en étant forcé d'accepter la norme WASP. Il pouvait être juif, c'est-à-dire autre, et proclamer hautement son américanité. Malamud allait jusqu'à dire non seulement que le Juif était américain mais que l'Américain était juif.

La fiction du creuset ainsi levée, les appartenances ethniques et religieuses firent surface. On ne dissimulait plus son nom pour se présenter devant le grand public. Barbra Streisand n'avait plus besoin de masquer son nom juif comme l'avaient fait Edward G. Robinson et Kirk Douglas, ni les Italo-Américains. Al Pacino et Robert De Niro n'étaient plus obligés de suivre le chemin de Dean Martin. On pouvait être juif ou italien, porter son nom et aspirer à une popularité sans frontières.

La télévision a puissamment contribué à mettre en lumière la réalité diverse des Américains. Des Noirs animent les bulletins de nouvelles et l'on ne se pose plus de question sur l'origine des commentateurs et des comédiens. Bien plus, l'un des feuilletons les plus populaires décrivait la vie d'une famille noire qui, il est vrai, apparaît parfaitement conforme aux normes de la classe moyenne américaine.

Ainsi, les Américains disaient leur différence tout en affirmant un rêve commun et des aspirations sociales et économiques similaires. Égalité de chance, justice sociale, réussite économique. Mais le rêve et les aspirations de succès faisaient éclater une réalité moins rose. Les discriminations, les préjugés, les injustices persistaient provoquant désormais des révoltes, des violences et des revendications. En dépit des lois antiracistes, malgré les réformes réelles et les changements législatifs, les autorités ne pouvaient plus contenir la révolte des Noirs. En même temps, l'on se rendait compte que les femmes, la moitié de la population, souffraient d'injustice. La voix des femmes retentit haut et fort. Et voici qu'une femme était candidate comme vice-présidente et qu'un homme d'origine grecque marié à une Juive, se présentait à la présidence. La société était bel et bien diverse et, qui plus est, elle s'affirmait même si elle ne s'acceptait pas encore totalement comme multiethnique et multireligieuse.

La différence était devenue une nouvelle norme. On l'affirmait, on la préconisait et chaque groupe chantait ses propres vertus, faisait prévaloir son histoire glorieuse tout en présentant le bilan de ses plaintes, de ses souffrances et de ses malheurs. Une société de glorieuses victimes est née. Les injustices subies par les uns étaient neutralisées, normalisées par celles dont avaient souffert les autres. On pouvait librement se déclarer noir, juif, catholique ou italien, mais gare à ceux qui découvraient des défauts, des manques, chez l'un ou l'autre groupe. Et s'il arrive à un écrivain juif, comme Philip Roth, de parler avec humour ou ironie des Juifs, il est vite accusé de s'autohaïr et de pratiquer une forme perverse d'antisémitisme. Chaque groupe est sourcilleux, attentif à sa réputation et à l'image qu'il projette ou qui est projetée à son endroit. Ainsi, à l'instar des Noirs qui avaient créé des associations de lutte contre le racisme et des Juifs qui avaient fondé une ligue contre la diffamation, les Arabes ont eux aussi mis sur pied une ligue semblable qui a, par exemple, publié un rapport dénonçant l'image défavorable d'eux que donne Hollywood.

Jusque-là, il semble qu'il n'y ait rien à redire. Le souci de défendre jalousement réputation et image est légitime et compréhensible. Or voilà qu'on passe imperceptiblement à une autre étape. La réputation, l'image, vues, conçues et présentées par les groupes concernés, sont devenues définitives, intouchables. Dès lors les glissements se succèdent. A-t-on le droit de parler d'un groupe si on n'en fait pas partie ? Des voix, nombreuses, s'élèvent pour interdire à toute personne extérieure à un groupe d'en parler. Dans les westerns, l'Amérindien jouait d'habitude, immanquablement, le vilain. Dans des ouvrages historiques et dans certains films des années quatre-vingt, on a tenté de rétablir les faits historiques, de corriger l'image négative de l'Amérindien. Et voici qu'un écrivain qui n'appartient pourtant pas au groupe, qui est un Mennonite vivant dans l'Ouest canadien, Rudy Weibe reproche à Kinsella, un autre écrivain blanc, de se mêler de ce qui ne le regarde pas, ne lui reconnaissant pas le droit de parler d'un groupe auquel il n'appartient pas. D'autant que ce dernier le faisait sur un ton humoristique et qu'il ne prenait pas la défense comme il le faisait lui-même. On a cherché à instituer cette règle dans l'enseignement universitaire. Il fallait récrire les manuels d'histoire. Chaque groupe allait parler de lui-même. Il y aurait une histoire des Noirs, des Juifs, des Amérindiens que seules des personnes issues de ces groupes seraient capables, et auraient le droit, de rédiger.

Cette règle, étant impraticable, fut atténuée, mais on continua à cheminer sur cette pente glissante. On doit, disait-on, rétablir chaque groupe dans sa réalité historique, lui rendre justice, fût-ce tardivement. C'est dire qu'on ne pouvait en parler que dans des termes positifs et favorables. Reconnaître à la fois les mérites, la gloire et les plaintes. L'heure de la rectitude politique avait sonné. Désormais, tout ce qui concerne un sexe, un groupe, une religion, devait être *politically correct*; autrement, l'auteur d'un texte, d'une image jugée défavorable, était rejeté dans l'enfer des ennemis, des traîtres et des coupables.

Nous sommes entrés dans une nouvelle ère. Le conformisme s'installe avec des allures d'une idéologie totalitaire. Les slogans, les mots d'ordre sont accompagnés de condamnations. Certes, il est vrai que le temps était venu de revoir certains faits historiques, de rendre justice à des victimes et de faire prévaloir des mérites ignorés. Or, des censeurs surgissent de partout et présentent, comme dogmes, leurs versions des faits. Le glissement continue de plus belle. Le conformisme de plus en plus dogmatique se transforme en conservatisme. Une idéologie prend place, et cherchant à occuper toute la place, voue tous ses adversaires aux gémonies, c'est-à-dire tous ceux qui refusent de s'y conformer. On assiste à la naissance d'une forme d'inquisition. La boucle est bouclée. Le retour à l'ordre !

Avec un vocabulaire différent, le conformisme conservateur reconquiert son royaume contesté et perdu. Heureusement que de nouvelles voix s'élèvent. Une nouvelle bataille pour la liberté commence.

LE SÉFARADISME

Au lieu de me cantonner dans l'étymologie et dans l'histoire pour définir le Séfarade, je voudrais dire, d'entrée de jeu, que j'entends par Séfarades ceux qu'on qualifie aujourd'hui comme tels même s'ils ne sont pas purs, *tahor*, et même, comme c'est notamment le cas des Irakiens, des Égyptiens et des Syriens, ils préexistaient aux Séfarades et, à plus forte raison, aux Ashkénazes. Par conséquent, le Séfarade est un terme commode qui recouvre une réalité telle qu'elle existe en Israël, en France, au Canada et ailleurs même si, dans de nombreux cas, il peut être considéré comme erroné, voire abusif.

Il existe, selon moi, un style de vie séfarade qui change, se modifie par le voisinage, la rencontre et, parfois, l'affrontement avec les Ashkénazes, les Arabes, les Français, les Canadiens. Il s'agit d'une manière d'être juif, de vivre le judaïsme par rapport à une histoire, à des traditions mais aussi par rapport au monde actuel, juif et non juif. Bref, le séfaradisme peut être considéré, par conséquent, comme une modalité d'établir un rapport avec le réel et avec l'Autre.

Cependant, on ne peut appréhender la réalité actuelle sans évoquer l'histoire. C'est dans les terres d'Orient, en Israël, en Mésopotamie et en Égypte, que le judaïsme s'est développé à partir de sa fondamentale opposition à l'idolâtrie ainsi que son opposition aux sociétés ambiantes assyrienne, babylonienne, égyptienne et finalement grecque et romaine dont il subissait, souvent, la domination et dont les idoles frappées d'interdiction représentaient néanmoins une constante tentation.

Le Talmud de Babylone était plus une illustration qu'une défense du judaïsme en terre étrangère. Il disait la vie présente mais aussi celle de l'attente et de la promesse.

Dans le même espace, le christianisme constituait un autre style, une autre modalité. Deux réalités qui furent la terre nourricière de l'Islam qui, après son triomphe, ont vécu dans ses confins et sous son autorité. Fait essentiel, l'Islam ne nie aucunement ces religions qui ont alimenté sa substance mais les reconnaît, les intègre à son corps, les incorpore dans sa démarche. Aux côtés de Mohammed, l'ultime et dernier prophète, les grandes figures présentes dans le Coran sont Abraham (*Ibrahim*), Moïse (*Moussa*), Joseph (*Youssef*), Jésus (*Issa*)…

Aussi pendant des siècles, les premiers monothéistes ont vécu en marge de l'Islam, reconnus, respectés, même si les communautés juives et chrétiennes vivant dans son sein furent parfois marginalisées et socialement infériorisées. Les *dhimmis* furent des protégés qui ne participaient pas au djihad, à l'effort

de l'Islam dans son expansion et dans son implantation dans le monde. Ils devaient payer une taxe en
compensation de leur dispense. Des Juifs et des
chrétiens, individuellement, jouaient, dans certains
cas, un rôle important non seulement sur le plan
intellectuel mais aussi socialement et politiquement.
Ce qui importe, c'est que sous l'Islam, empruntant
fréquemment la langue du Coran (Maïmonide écrivit
le Guide des égarés en arabe dans l'alphabet
hébraïque), les Juifs ont préservé, protégé et célébré
leur religion.

Le contraste semblerait de prime abord grand
entre ces Juifs et ceux qui vivaient en terre chrétienne. D'abord concurrents dans la conquête des
peuples idolâtres, les Juifs ont assez tôt abandonné —
ou furent forcés de le faire — les visées de conversion
et d'expansion. Les adhérents de la nouvelle religion
leur reprochaient de n'avoir pas reconnu le Messie,
leur propre Messie, et de l'avoir crucifié. Coupables
et culpabilisés, ils étaient forcés à se retrancher dans
leur coin, à être sur la défensive avant d'être persécutés, chassés, subissant haine et mépris de l'Inquisition
à la Shoah en passant par les pogromes.

Sous l'Islam, les Juifs tout autant que les chrétiens ont vécu comme communautés distinctes non
exclues de la vie publique et l'empire ottoman permit
aux Juifs qui fuyaient l'Inquisition de s'installer dans
les espaces de son règne. Là, l'autonomie des communautés juives et chrétiennes qui était un fait social
sous l'autorité des Arabes est devenue une réalité
légale. Le *millet*, la communauté, était légalement
responsable de la vie personnelle : mariage, divorce,
héritage, étaient sous la gouverne des tribunaux

rabbiniques qui étaient reconnus par l'État. Ces dispositions furent reconduites par les Britanniques de sorte qu'elles sont, encore aujourd'hui, en vigueur, du moins partiellement en Israël.

Dans ses dépendances, la France n'accorda le statut de citoyen qu'à des individus et non à des populations, à l'exception de la loi Crémieux qui accorda aux Juifs la citoyenneté française. On peut même avancer que le débat qui se déroule actuellement en France sur le statut des groupes découle, du moins en partie, de la distinction sinon de l'opposition entre la citoyenneté républicaine et le statut de *millet*, de communauté.

L'affrontement, en Israël, entre les Juifs orientaux, qualifiés sans distinction de séfarades, et les Ashkénazes est relativement neuf dans l'histoire juive. Choc de cultures, certes, mais aussi tentative tacite de leur hiérarchisation. On constate là un phénomène que connaissent tous les pays d'immigration. La préséance est rehaussée à une supériorité, les premiers venus acquérant ainsi des droits qu'ils cherchent à garder, fût-ce comme privilèges, et qu'ils ne veulent pas partager avec ceux qui les suivent.

Ce fut le cas entre autres des Juifs ashkénazes, au début du siècle en Grande-Bretagne. Dans ses romans, Israël Zangwill a décrit le mépris et la discrimination déployés par les Séfarades britanniques qui se trouvaient dans le pays depuis plusieurs générations et qui avaient donné à l'Empire des noms illustres comme Ricardo et Disraëli, à l'égard des artisans, des colporteurs, des ouvriers tailleurs qui fuyaient les pogromes de la Russie et de la Pologne et qui peuplaient l'East-End de Londres.

Fondé principalement par ces mêmes Juifs de l'Europe centrale et orientale, Israël a hérité d'une administration britannique familière aux Juifs du Proche-Orient. Ainsi, dès leur arrivée en masse en 1951, les Juifs d'Irak ont pu remplir les fonctions de douaniers, de maîtres de poste et d'employés de banques qu'ils exerçaient à Bagdad. Cinquante ans après leur arrivée en Israël, les Juifs du bassin méditerranéen ont pu, lentement, gravir l'échelle sociale, utilisant parfois la force du nombre pour affirmer et assurer une présence politique. L'armée et l'école demeurent, cependant, les grands facteurs d'intégration.

En France, le judaïsme affaibli par l'occupation et par Vichy fut renforcé par l'arrivée massive des Juifs d'Afrique du Nord. À l'instar de toutes les immigrations, celle-ci, cherchant à s'installer et à s'épanouir, s'est affirmée par la vigueur de son apport, de son expression intellectuelle et culturelle, contribuant ainsi au renouveau de la vie communautaire.

Aux États-Unis comme au Canada, les premiers immigrants juifs furent des Séfarades, venant dans le premier cas du Brésil et au Canada avec l'armée britannique, les Bourbons ayant interdit aux Juifs et aux huguenots l'accès à la Nouvelle-France. De sorte que les plus anciennes synagogues de New York et de Montréal sont les synagogues espagnoles et portugaises. L'immigration des Juifs de l'Europe centrale et orientale a vite fait oublier ce qui apparaissait désormais comme un accident de l'histoire. Aujourd'hui, de petites communautés séfarades renaissent aux États-Unis et au Canada, notamment à Montréal où les Juifs marocains constituent entre le tiers et le quart d'une communauté de 100 000 âmes.

L'histoire nous permet de déceler le caractère du Juif séfarade. Il a vécu et il a appris à vivre son judaïsme sans honte et sans culpabilité. Ce qui ne veut nullement dire qu'à certaines périodes et dans certains pays, et l'on peut facilement citer des exemples récents, ce Juif n'a pas dû faire face à la discrimination et à la peur. Cependant, cela n'a pas mis en question son judaïsme ni entamé son sens de la dignité, voire sa fierté d'être juif.

L'autre caractéristique est que dans l'ensemble des pays où il vécut, il a pu et su développer une vie communautaire non pas défensive ni même isolée mais plutôt distincte. Pour les Juifs comme pour les musulmans, le judaïsme représente un fait, une manière de vivre, une modalité du rapport avec le réel et de lien avec l'Autre. Un fait qui n'a pas besoin d'être expliqué ou justifié. Ainsi quand ce Séfarade se trouve à l'extérieur de son territoire, il n'a d'autre instrument de défense, en dehors du culte, que les traditions culinaires et la célébration des fêtes. Il n'a pas eu à développer, autant que l'Ashkénaze, des instruments idéologiques de défense et une armure d'autoprotection. Il demeure vulnérable jusqu'au moment où il découvre et forge un rapport renouvelé avec le passé, la tradition et le culte qu'il a pris l'habitude de vivre naturellement, ne fût-ce, parfois, que superficiellement.

Aussi, le Séfarade conscient de l'être tente de redécouvrir et d'exprimer, à partir du passé, de la tradition mais aussi d'un engagement dans le présent, la plénitude de l'être juif. Pour la première fois de

l'histoire, la frontière physique, géographique, entre
Ashkénazes et Séfarades s'amenuise, tend à disparaître. Ils ne se partagent plus séparément le monde
de la diaspora. Dans la terre ancestrale, celle de la
promesse, ils se trouvent face à face, côte à côte avant
d'être ensemble, réunis sinon unis dans un projet
commun, sur un même territoire. Ils se regardent,
s'affrontent, cherchent à se dominer pour finir, petit
à petit, par se libérer, de part et d'autre, de la suspicion, du doute, de la crainte, mais aussi du mépris,
de l'envie et de la condescendance. Côte à côte, ils
marchent dans des voies parallèles dans l'attente et
l'espoir d'une bifurcation, d'un chemin oblique qui
les feraient se rejoindre.

En France comme au Canada, le Séfarade et
l'Ashkénaze se trouvent face au monde extérieur, sur
un même territoire. Ils se présentent avec des visages
distincts. Leur destin commun, même s'il est en
partie imposé par le monde extérieur, relègue au
passé toute prétention de hiérarchie. Ils n'ont de
choix que de présenter leurs différences non pas
comme singularités mais comme diversité et par
conséquent comme éléments de richesse, de liberté,
d'échange, d'emprunt et finalement de découverte
d'une source identique et d'un commun projet.

Ce projet a pour finalité le rapport avec le
monde. Le Séfarade possède des siècles d'expérience
de rapports avec les musulmans et les chrétiens. Avec
des réussites et des ratés. Il a réussi à préserver ses
traditions, à redire perpétuellement la parole dans la
dignité, le respect de lui-même et le respect de
l'Autre, le différent, l'étranger. De Bagdad à
Salonique en passant par Fez, Oran, Tunis et

Le Caire, ce Juif a su, quand il en a eu l'occasion et la liberté, participer à la vie de la cité, occuper des postes d'autorité, tout en demeurant, sans honte et sans vanité, membre de sa propre communauté. Il a su vivre sa foi et pratiquer son culte dans le respect de la société ambiante. C'est dire qu'il a dû souvent reconnaître l'environnement tribal autant que la société industrielle et urbaine. Certains, de Disraëli à Spinoza, sans parler des contemporains de Philon d'Alexandrie, ont choisi ou furent forcés de quitter leurs communautés. Il y a toujours eu le reste, comme dit le prophète.

Aujourd'hui, les Séfarades s'expriment à nouveau. Non pas pour se défendre, se justifier, mais pour se dire. Ils sont Juifs et leur judaïsme n'est pas qu'une survivance. Dans la confusion des questions et l'opacité et l'ambiguïté des réponses, ils sont présents.

La question n'est plus simplement : où va le séfaradisme ? Elle est d'abord : où va le judaïsme et, encore davantage, où va la civilisation ? Puisant dans une tradition redécouverte, les Séfarades se joignent aux autres Juifs pour poursuivre la quête millénaire et reprendre le chemin.

VALEUR ET NOTORIÉTÉ

En 1947, peu après mon arrivée à Paris, je m'étais lié d'amitié avec Martin Turnell, un Londonien qui faisait de fréquents séjours à Paris. Critique, il se consacrait à la littérature française et publia des ouvrages sur Racine, Molière, Flaubert, Baudelaire et d'autres. Il rendait compte pour le *Times Literary Supplement* des parutions parisiennes. Je fréquentais alors le critique français Maurice Nadeau, directeur des pages littéraires du quotidien *Combat*. Il exprima le désir de connaître mon ami anglais. Rendez-vous pris, j'attendais le grand débat qui allait survenir entre les deux hommes. Mal m'en prit. Nadeau interroge son collègue britannique :

— Quelle est votre méthode critique ?

— La lecture des textes, répond Turnell imperturbablement.

— Y a-t-il un critique, un écrivain que vous admirez ?

— Oui, Frank Leavis.

Nadeau hésite, s'enquiert :

— Leavis ?

Non traduit en français, son nom demeurait inconnu.

— C'était mon professeur à Cambridge, explique Turnell.

— Ah, dit Nadeau soulagé. Ce n'était qu'un professeur.

— C'est le plus grand critique de notre temps, renchérit Turnell.

On sait que Leavis insistait sur les dimensions intrinsèques de la littérature qu'il fallait chercher dans le texte. Or, à Paris, la littérature était alors expliquée à la lumière de la philosophie, la psychologie, la religion, la sociologie sans oublier les idéologies. De sorte que Leavis paraissait inactuel, désuet et inoffensif.

Aujourd'hui, il serait considéré comme élitiste et esthétisant. Du revers de la main, il repousserait les romans et les essais qui occupent le haut du pavé dans la liste des meilleures ventes, qui obtiennent des prix littéraires et qui ont la faveur des médias.

À mon arrivée au Conseil des Arts du Canada en 1967, m'initiant à la production courante des peintres et des sculpteurs, j'interrogeai mon collègue dont c'était la responsabilité, voulant savoir son opinion sur un artiste :

— Il est très connu dans le milieu, me répondit-il.

— Et encore ? insistai-je.

— Il est aimé, respecté. C'est un homme bien.

— Et sa peinture ?

— Elle est bien reçue, elle plaît.

— Et lui, qu'en pensait-il ?

—Je te l'ai dit. C'est un homme admiré, bien entouré.

Plus tard, lui signalant un peintre que j'aimais :

—Il n'est pas moderne, me rembarra-t-il. Ses toiles appartiennent au siècle dernier.

Il classifiait les artistes par leur affiliation, leur appartenance à telle ou telle école. Pour lui, l'art est un mouvement, un style. Un peintre représentait le *hard-edge*, le minimalisme, le réalisme magique.

Un Français, historien d'art passant deux ans à Ottawa comme coopérant, s'initiait à cette suite de tendances, de styles dont il découvrait les équivalents en France, en Allemagne et en Italie. Après avoir été le défenseur, le promoteur de ce qu'il qualifiait d'avant-garde, il a décidé de se tourner vers le passé récent, d'abord les portraitistes puis les pompiers. Bref, vers l'art figuratif. Pour certains, ce revirement n'était pas moins qu'une trahison.

J'ai visité, en 1998, au *Museum of Modern Art* à New York, une exposition consacrée à Chuck Close. D'énormes tableaux, occupant chacun un mur, des agrandissements de portraits à partir de photos refaites par le peintre dans une exactitude amplifiée, dépassaient en pénétration les techniques de reproduction les plus avancées.

Plus que l'écrivain peut-être, certainement plus que le compositeur, le peintre est en confrontation avec le réel. Comment parvenir à la représentation du visible ? Toute vision artistique, aussi fidèle qu'elle puisse être, cherche à être personnelle, unique du simple fait que l'artiste a tenté de fixer un moment, un instant dans le mouvement du réel. Instant fuyant même si la photo l'enregistre mécaniquement. Plus on cherche à cerner le réel et plus il nous échappe. Alex Colville a beau reproduire avec exactitude une vache, un chien, il en fige le regard et celui-ci lui échappe par la magie d'une vie qui ne peut pas être enfermée dans un réel piégé. Le mouvement suit son propre rythme, obéit à des règles que l'artiste ne peut pas contrôler de l'extérieur.

Au cours des siècles, les artistes ont tenté de capter le mouvement, l'instant fuyant en le réduisant depuis un siècle, à ce qu'ils considèrent comme l'essentiel : la forme et la couleur. En révélant l'impasse contre laquelle elle bute, la figuration a rejoint l'abstrait.

À l'heure où la technologie réinvente virtuellement un réel de plus en plus fidèle à l'instant, fixant l'arrêt avec exactitude, on se pose la question : pourquoi l'art ? S'il n'est plus représentation, exploration, interprétation ou réinvention du réel, est-il réduit à un divertissement mis en service par les médias ? En d'autres termes un détournement de la vie, une incitation à l'oubli et une invitation à l'absence ? Neutralisé dans une fixité, le réel tombe dans la futilité, se transforme en sosie de sa virtualité. Des voix s'élèvent alors pour annoncer la fin de l'art et la mort de l'artiste. Quand, il y a un siècle, on proclamait que l'art était fait par tous, c'était une manière de dire qu'il s'adressait à la société dans son ensemble, qu'il cessait d'être un simple ornement auquel une élite bourgeoise cherchait à le réduire. Quand on prétend aujourd'hui que tout le monde est artiste, il ne s'agit point d'éliminer la cloison entre artiste et spectateur. Tout le monde devient spectateur et l'art une virtualité dispensée sous forme de spectacle de divertissement. L'artiste n'est plus une personne dotée d'un talent d'origine mystérieuse et dont les dons sont la manifestation d'une injustice divine. Il fut un temps, et le phénomène se poursuit encore sans qu'on s'en aperçoive, où le marginal était un futur privilégié, et l'artiste désargenté un riche vieillard. Si l'art est fait par tous, il n'est le produit de personne. On entre dans le règne d'une démocratie primaire, d'une égalité qui réduit les individus à l'anonymat. L'art ne descend pas de son piédestal, mais se dissipe dans l'absence.

Comme la littérature, l'art est devenu tributaire des médias. On a commencé par chercher les moyens de mise en marché et de vente et l'on s'est rendu compte que le raccourci est de fabriquer des vedettes. L'écrivain et l'artiste sont tour à tour témoins, dénonciateurs, révélateurs de scandales, bouffons ou victimes. L'écrit et l'image ne sont plus que des instruments de mise en scène. L'écrivain et l'artiste ne renvoient qu'à eux-mêmes. Nous sommes loin du héros romantique qui mêlait le réel et l'onirique, introduisait dans le concret les forces occultes invisibles de la pensée et du sentiment. Le mot n'était pas réduit à un instrument mais, en l'exprimant, à l'objet du désir. L'écrivain-vedette qui cherche à utiliser les médias comme outil s'est imperceptiblement transformé en leur instrument sinon en leur victime. Afin de capter l'attention d'un public hautement sollicité et lourdement gavé de mots et d'images, la presse et la télévision consomment avidement, dans un rythme essoufflant, les figures devenues interchangeables des créateurs.

La vedette a vite glissé à une image et le sujet à un objet, de sorte que les présentateurs de programmes télévisés qui participent à la fabrication des vedettes, se sont mis eux-mêmes à écrire des romans. L'opération se déroule dans un cercle vicieux où les seuls buts à atteindre sont la promotion et l'autopromotion. Des romans sont fabriqués et se vendent du fait qu'ils portent le nom d'une figure-vedette. À cette figure qui projette un éclat éphémère, l'écrit donne une apparence ou un espoir de continuité et de permanence. On n'est plus dans l'univers littéraire. Le roman, titre générique et fourre-tout, devient un maillon de cette chaîne qui va du véritable vendeur au consommateur, en passant par les intermédiaires, l'auteur de l'image, son objet, son présentateur et son transmetteur. L'ultime contrôleur, le commanditaire, le fournisseur des fonds, se tient loin derrière.

En dépit de la manière dont ils furent promus et diffusés, certains textes surnagent au naufrage. On peut prétendre que c'est la littérature elle-même qui a changé de forme et de direction, rappelant avec nostalgie un archaïsme. Cependant, des poèmes resurgissent comme d'une mémoire incandescente, ramènent à l'essentiel, vingt, trente ans après leur publication confidentielle, loin du battage et du brouillage de l'image. Je dis poésie dans le sens le plus large qui comprend romans et essais.

La littérature et l'art ont survécu à diverses technologies. De l'oral à l'écrit, de l'élite à la masse, ils ont préservé leur puissance, présence et mémoire, vie et rappel de vie. Ils se font parfois discrets jusqu'à la clandestinité, pour resurgir, remonter à la surface dans l'éclat de l'affirmation et l'inquiète interrogation.

LHASSA, LE TOIT DU MONDE

On nous avait prévenus. C'est le toit du monde. Nous allions manquer de souffle, perdre haleine. Gilles Lefebvre, Jean Gagnon et moi-même formions une délégation officielle. Deux ans avant Tian An Men, nous négociions avec les Chinois les relations culturelles entre le Canada et la Chine. Nous étions entourés d'égards. Pour Gilles Lefebvre et moi, c'était notre deuxième voyage ensemble en Chine. Gilles avait demandé d'inclure le Tibet dans notre périple. Après des hésitations, les autorités chinoises avaient fini par céder.

Dans l'avion qui nous transportait de Beijing à Lhassa, nous étions accompagnés par des interprètes et des fonctionnaires de la culture.

— Faites attention, répètent-ils. Il ne faut surtout pas presser le pas. Au bout de deux ou trois jours, votre corps s'adaptera.

Pour nos compagnons chinois aussi c'était la grande aventure, la découverte de cette région fabuleuse et controversée. Le Tibet faisait partie de la Chine, affirmaient-ils, et le gouvernement de Beijing l'avait libéré du joug féodal.

Du haut des airs, j'aperçois une vaste étendue de sable et, ici et là, un cours d'eau, une agglomération perdue dans une immensité jaune et grise, telle une tache sur une nappe qui ne finissait pas de se déployer. À l'aéroport nous devions être accueillis par les officiels culturels du lieu. Nous sommes là. Personne. Affolés, nos compagnons nous recommandent de ne point bouger. À cette altitude, le moindre mouvement requiert un effort et ils ne voulaient surtout pas que nous soyons exténués avant d'avoir gagné nos chambres d'hôtel.

— Une erreur de communication, expliquèrent-ils. Nous sommes arrivés plus tôt que prévu.

Assis sur un banc, nous suivions le déchargement de l'avion. Des caisses de poussins, d'œufs... Il n'y en avait pas au Tibet. Les poussins sont moins pesants et deviendront des poulets. Les autorités de l'aéroport n'étaient pas prévenues de notre visite et les téléphones, même quand ils fonctionnaient, n'étaient d'aucun secours.

— Nous partons, annoncèrent nos compagnons. L'armée met des voitures à notre disposition. Nous retrouverons nos hôtes en chemin.

La route était rocailleuse. Calés dans nos sièges, nous avions l'impression de sautiller. Je ne me sentais pas fatigué et, à ma grande surprise et satisfaction, je respirais normalement. L'essoufflement serait pour plus tard.

Le plateau était plus vallonné et la route plus accidentée qu'il ne semblait du haut des airs. Ce n'était ni le désert ni la forêt verdoyante mais le territoire d'un royaume où nous, humains, d'où que nous soyons, étions des intrus. De temps à autre, un camion, une voiture militaire, dérangeaient l'infini silence. Nous voici devant une caravane de voitures. Nous allions les dépasser.

— C'est eux, s'écria notre accompagnateur.

Le chauffeur fait demi-tour, stoppe et klaxonne. Nous sommes enfin réunis. Je regarde la vallée, les monticules. Silence tellement peuplé, et j'appréhendais le moment où nous allions le rompre. Descendus de leurs voitures, les Tibétains s'avançaient vers nous. Trois jeunes filles portant le costume national nous rappelèrent la présence des habitants. Leur beauté contrastait avec celle du paysage, l'accentuait. Pour marquer l'accueil, elles nous entourèrent le cou de foulards de soie blancs. Moins colorés, les costumes des hommes semblaient leur conférer l'autorité dont ils étaient imbus. Le chef vint vers nous. Une jeune fille lui tendit une carafe, il versa dans une coupe de métal un liquide grisâtre.

— C'est du vin de lait de yak, m'explique mon interprète chinois.

J'y trempe mes lèvres et contemple le plateau. Nous sommes de petites taches dans l'infinité de l'horizon. Le Tibet était là. Le foulard blanc, le vin de yak. On nous l'offrait. Il était étalé, sans secret. Invisible, la frontière n'était pas moins réelle et, pour moi, elle s'ouvrait sur l'inconnu, l'infranchissable. Perdus dans l'espace, les discours de bienvenue étaient des chuchotements lointains, quasi inaudibles.

L'hôtel, inauguré un an auparavant, était pourvu de tous les atouts de la technologie. Au-dessus du lit, un tube d'oxygène, au cas où l'on manquerait de souffle.

J'avais fait l'expérience des hauteurs éthérées de Machu Picchu et de Mexico. Ici, on atteint le sommet. Une heure de repos. Notre horaire était serré. Des rencontres, des visites. Comme il se doit, la première fut celle du Palais Potala, la résidence du dalaï lama. Voici le fauteuil où il méditait, voici son lit. Ils sont jonchés de billets de banque, de monnaie. Des moines, vêtus de rouge orange, nous accompagnent. Un des plus jeunes s'approche de moi : « Une photo ! » Je ne comprends pas. Un autre revient à la charge, plus précis : « Une photo du dalaï lama. » Entre le grand prêtre et la divinité vivante, le dalaï lama n'est point mythique. Il est là, présent dans son palais, momentanément absent. Pour les moines, la contemplation de sa photo serait un pas de plus vers lui.

Le lendemain matin, nous nous promenâmes dans le centre-ville. Un troupeau de yaks. L'animal perd sa mythologie. Ce n'est que cela ? Des bœufs en mal de croissance ! Sur la place du marché s'alignent les vendeurs de colliers, de moulins à prière. Des enfants nous pointent du doigt en riant. Nous sommes étranges. Je comprends une autre dimension de la condition minoritaire. Ici, j'appartiens à une minorité visible. Ce n'est pas l'hostilité ou le refus. Une curiosité qui, demain, s'évanouirait dans l'indifférence. Je ne suis que de passage.

Devant la porte du temple, une dizaine de personnes accomplissent un rituel. Accroupies sur les genoux, elles glissent, s'étendent à plat-ventre, se relèvent, se remettent sur les genoux pour glisser à nouveau. Mon regard est attiré par une blonde aux yeux bleus. Américaine ? Européenne ? Elle exécute les mouvements avec un grand zèle et j'admire sa dextérité même si elle est voulue, appuyée. Les autres s'abandonnent aux mouvements naturellement, avec une certaine nonchalance.

À l'intérieur du temple, d'immenses statues. Hommes, femmes. Divinités bonnes et mauvaises. Mes compagnons, officiellement antireligieux, ne peuvent ou ne veulent pas m'expliquer. « Tu te documenteras plus tard », me console Gilles. Une odeur rance nous happe, nous soulève le cœur. Des dizaines, des centaines de lampions au beurre de yak. Des fidèles viennent avec des provisions de beurre, allument d'autres lampions. Nous avançons, montons sur le toit. De petites cellules où vivent les moines. L'un d'eux parle un peu l'anglais. Il m'explique que là, l'austérité est la règle. C'est un choix libre. En entrant, on s'habitue à ne manger que deux fois par jour. Puis, on avance en âge et on finit par se contenter d'un seul repas quotidien.

Au-dessus du toit, j'aperçois d'énormes oiseaux tracer des cercles au-dessus de nos têtes. Un compagnon chinois m'explique, en en déplorant l'horreur, que les cadavres des moines décédés sont laissés sur le toit et nourrissent les vautours.

Dîners, pourparlers officiels. Nous avons chacun droit à deux interprètes. Le premier traduit le tibétain en chinois et le second, le chinois en français. Un des responsables locaux est un poète. Le lendemain après-midi, il nous invite chez lui. La chambre est ornée de photos de divinités et de statues de bouddhas. Dans la chambre à côté, un homme murmure des hymnes en faisant tourner un moulin à prières.

— C'est culturel, nous explique notre hôte, comme s'il s'excusait de la fragilité d'un marxisme qui ne réussit pas à éliminer la religion, cet opium du peuple.

Sa femme nous sert du thé avec du lait de yak. Récalcitrant, j'en bois une gorgée et le trouve, à ma surprise, savoureux. Le soir nous assistons à un concert de musique tibétaine. Sons monotones, entêtants qui finissent par me pénétrer, par ne plus me lâcher.

Le lendemain, à ma demande, visite d'un autre temple. Le lama me fascine. On m'interprète ses paroles. J'ai l'impression qu'elles sont superflues. Je m'habitue à l'odeur rance du beurre de yak qui imprègne le lieu. Ici, l'austérité n'est pas affichée. C'est la fête. Sons et lumières. Le soir, nous sommes conviés à un spectacle de danse. Cette culture est toute-puissante, multiforme. Elle n'est pas la mienne mais je crois que son absence créerait une brèche dans le monde. Je souhaite qu'elle vive, qu'elle persiste. Il me faudrait une vie pour la découvrir. Mais d'autres le feront. À condition que de nouvelles «révolutions culturelles» ne viennent pas démolir d'autres temples. Plus tard, de retour chez moi, je fais tourner un moulin à prières. À vide. Sauf que je sais désormais qu'il est chargé de sens.

BERLIN, LES MURS

L'aéroport de Francfort, l'un des plus vastes d'Europe, semblait particulièrement encombré ce jour-là. Pour les avions en partance pour Berlin, l'inspection était bien plus sévère que pour ceux qui prenaient la route de l'Amérique. Nous allions survoler l'Allemagne de l'Est, lieu interdit, mis entre parenthèses.

J'étais invité par *Inter Naciones*, les services culturels de l'Allemagne fédérale. Un hôte-guide m'attendait à l'aéroport. Il m'accompagna à mon hôtel, dans une rue latérale donnant sur l'avenue centrale, le Kurfürstendamm, ou comme on l'appelle familièrement, le Koudam. Combinaison des rues Sherbrooke et Sainte-Catherine, les magasins de luxe y côtoyaient les salles de cinéma, les restaurants et les brasseries.

Des gratte-ciel à côté d'une église en ruine. Celle-ci demeurera telle quelle, mutilée, décharnée, afin qu'on n'oublie pas la guerre et ses horreurs.

Une atmosphère de fête règne dans cette rue. Hommes et femmes affairés s'attablent aux terrasses de petits cafés, s'arrêtent dans la rue pour parler. Un air de vacances. Où sont les touristes ? À moins que tout le monde, même les gens pressés, se sentent en une attente indéfinie, l'impatience dans la célébration du présent qui en tient lieu.

Je me promène et mes pas me conduisent instinctivement, inexorablement peut-être, à la barrière-limite, la frontière : le mur. Des barbelés et des écriteaux. Ici, des transfuges furent rattrapés, moururent dans leur marche vers une liberté rêvée. Je poursuis ma route et, subitement, j'ai l'impression de quitter Berlin, l'Allemagne et l'Europe. Des étals de viande, de fruits, d'épices. Nous sommes ailleurs, dans un ailleurs à la fois exotique et surajouté. C'est la Turquie dont les originaires constituent dix à quinze pour cent de la population. Ils ne sont pas encore arrivés en Allemagne, me dira un jeune écrivain. Ils n'arrivent pas à quitter leur Turquie natale qu'ils transportent au cœur de Berlin. Ici, on n'ose pas encore exprimer librement, ouvertement, du moins devant un étranger, une réticence, une hostilité. L'Allemagne se dégage péniblement du racisme le plus barbare que l'humanité ait connu. On évite toute référence à la noirceur d'hier, à la nuit, à une rechute dans l'horreur et le cauchemar. On avait besoin de ces ouvriers étrangers pour reconstruire la ville, me dit mon guide. Le gouvernement fédéral consacre un important budget pour convaincre les habitants de Berlin de ne pas quitter leur ville et inciter d'autres Allemands à venir s'y installer.

Ce soir, une symphonie de Bruckner dans la salle de concert. La musique est dans son lieu. La salle, construite autour d'une piste, est la plus moderne, la mieux adaptée à la musique qu'il m'ait été donné de connaître. L'orchestre est placé au centre et, de partout, quel que soit le prix du billet, on y a un accès direct. Autour de moi, des hommes, des femmes, munis de leurs partitions, suivent l'évolution de la mélodie. La musique imprègne, comme si elle ne parvenait pas d'une scène. Les sons surgissent d'un centre, d'un cœur et nous enveloppent. Dans cette salle, on joue tous les soirs à guichets fermés.

Le lendemain, j'ai rendez-vous avec Günter Grass. J'avais suivi son œuvre, lui avais consacré plusieurs articles dans Le Devoir et un an auparavant, en 1979, j'avais passé une soirée avec lui chez l'attaché culturel d'Allemagne à Ottawa. Deux semaines avant son arrivée, j'avais reçu une invitation à un dîner en son honneur chez l'ambassadeur de Bonn. Comme c'est le cas de plusieurs diplomates allemands, celui-ci portait un titre de noblesse. À la veille de la date prévue, on m'appela pour m'annoncer l'annulation du dîner. Une heure plus tard, l'attaché culturel me convia à dîner chez lui en compagnie du célèbre écrivain. Réticent, il finit par m'expliquer : « M. Grass ne voulait pas aller chez quelqu'un avec un titre de noblesse et, de plus, il n'était aucunement intéressé par les invités : des diplomates et des fonctionnaires. Il m'a demandé de réunir des écrivains et des professeurs de littérature. Nous serons quatre. »

J'appréhendais cette soirée. J'admirais l'œuvre de Grass. L'homme était peut-être trop compliqué. À ma surprise, j'étais en présence d'un homme simple, chaleureux et d'une grande humilité. Il s'excusa de n'avoir pas eu l'occasion de me lire et écoutait mes commentaires sur son œuvre avec l'attente inquiète d'un jeune débutant.

— Il faut venir à Berlin, me dit-il avec insistance.

Or, me voici qui sonnais à sa porte. Il occupait le troisième étage de l'immeuble, un studio d'artiste. Car, on le sait, c'est aussi un grand maître de la gravure.

— Je m'excuse de ne vous voir qu'aujourd'hui. Je sais que vous êtes là depuis plusieurs jours. Je reviens de Bruxelles.

J'ai eu, par conséquent, l'occasion de participer à sa vie de famille. Son fils de vingt ans, qui m'accueillit à la porte, lui exposait un problème.

— Combien ? lui demanda-t-il en l'entourant de ses bras.

Se tournant vers moi :

— Ses besoins d'argent sont infinis, m'expliqua-t-il.

Le jeune homme vivait avec sa mère, la première femme de Grass, au premier étage.

Ce fut ensuite le tour de sa deuxième femme qui tenait par la main une adorable petite fille de six ans. Le ton de l'entretien était moins cordial :

— J'attends ma femme, s'exclama-t-il, impatient. Elle est allée cueillir des champignons dans le bois. En votre honneur. C'est moi qui fais la cuisine.

Blonde, diaphane, la jeune femme ne tarda pas à nous rejoindre :

— C'est une musicienne, m'expliqua-t-il.

Il s'affaira dans la cuisine.

— Comment trouvez-vous Berlin ?

— Admirable, vivante. On a l'impression ici de vivre la fin d'un monde, dis-je.

— Il faudrait que vous visitiez l'autre partie.

C'était inclus dans mon programme. Je parcourus les livres sur les étagères. Tout un rayon consacré à Döblin.

— C'est mon maître. Les nazis l'avaient interdit, car il était juif. C'est le grand explorateur de Berlin. J'ai créé un prix en son nom pour rétablir sa mémoire.

Il me parla ensuite de ses rapports semi-clandestins avec les écrivains de l'Allemagne de l'Est. Après le repas, nous sortîmes nous promener. Nous traversâmes le bois, nous arrêtant au bord du lac.

— Vous me semblez heureux à Berlin, constata-t-il.

— C'est une ville joyeuse même si l'on se sent cerné de toute part, comme si on était au bord d'un invisible précipice.

Le provisoire accélère le rythme de la vie.

— Et pourtant ! soupirai-je. Hier, je suis passé devant le stade. Tous les anciens films d'actualités me rappellent de vieilles terreurs, des hantises. Hitler et Goebbels en train de hurler, et les masses levant les bras, promenant les banderoles. C'est la douleur qui m'envahit et la tristesse d'une mémoire qui imprègne la vie.

Il mit son bras autour de mon épaule, me serra avec effusion :

— Et moi ? me demanda-t-il, vous ne croyez pas que je ne ressens pas cette même douleur en plus de l'horreur d'un traumatisme qui ne me lâchera jamais ? Il faudrait que vous veniez quand même passer quelques mois à Berlin. Il existe des bourses. Oui, oui, car c'est à Berlin qu'on peut vaincre le nazisme et retrouver le pays de Goethe et de Beethoven.

Le lendemain, soirée à l'Opéra. Là aussi, le spectacle est permanent. Un opéra tous les soirs. Des femmes en robes longues, des messieurs en habits de soirée côtoyaient des garçons et des filles en jeans.

— Ce sont des provinciaux, me dit mon compagnon berlinois, en signalant, avec condescendance, les hommes et les femmes en tenue de soirée.

Au Musée, j'étais déçu par la statue de Néfertiti. Elle est plus belle en photo. Musée riche, superbe.

— Il faudrait voir l'autre partie, me dit mon guide, celle de Berlin-Est. Le vrai musée est là-bas. Ici, on n'a transporté que les tableaux.

L'après-midi, j'allais traverser la redoutable frontière. J'allais franchir le mur. Dans l'autobus nous étions une dizaine d'Américains, de Britanniques et de Canadiens. Vérification des papiers, puis revérification. Des policiers munis de miroirs à manche inspectaient les dessous de sièges dans l'autocar. Une jeune femme courtoise, austère, nous servait de guide. Ordre est donné de ne jamais la quitter. Visite au parc, au monument dédié à l'amitié germano-soviétique. Dans les rues, la foule est clairsemée, les magasins sont sombres et tristes. La célèbre avenue Unter den Linden est quasi déserte. Le contraste avec le Berlin capitaliste de l'autre côté est saisissant.

Enfin nous voici au Musée Pergamon. C'est la fête et, pour moi, elle est double. Je suis devant la reconstitution du temple d'Ishtar de Babylone. Au début du siècle, les archéologues allemands en avaient transporté les vestiges. Enfant j'en visitais l'emplacement dénudé. Il est là, dans toute sa splendeur retrouvée.

Dans le car, nous entendons des coups de canon. Effrayée, une Américaine interroge notre guide.

— Je n'ai rien entendu, affirme celle-ci.

Les coups reprennent. L'Américaine nous prend à témoin.

— Je ne suis pas folle. Ce sont bel et bien des coups de canon.

Imperturbable, notre guide affirme qu'elle n'a rien entendu. Au retour, l'inspection à la frontière est encore plus rigoureuse. Des miradors avec des soldats, les mitraillettes pointées sur nous. Nous traversons des allées en zigzag, bordées de pointes acérées. Vérification. Attente. Revérification. À tant être surveillé, on finit par se sentir suspect. Si cela continue, me dis-je, je vais commencer à me sentir coupable. Enfin, les barrages s'ouvrent. En quelques minutes je me retrouve dans le brouhaha d'une ville qui ne semble jamais épuiser ses lumières.

J'avais prévenu de ma visite le poète et essayiste Hans Magnus Enzensberger que j'avais connu à Toronto. À l'entrée de l'appartement une valise, le signal de ne pas trop m'attarder.

— Je partage ma vie entre l'Allemagne et l'Italie. Berlin est une ville épuisante, car elle vous prend aux tripes.

— Tout a l'air pourtant transitoire, dis-je.

— Justement. On a peur de la fin. Il faut prendre part à la fête avant qu'elle ne se termine. Parce qu'elle va se terminer. Avant-guerre, Berlin était une grande capitale.

Je l'écoutais distraitement. Avant-guerre, il n'était qu'un enfant et une ville n'existe pas que dans

son passé. Celui de Berlin est ambigu et, pour certains, douloureux. Je vois la ville au présent. Elle peut
nous essouffler, mais l'incertitude dans laquelle elle
nous plonge, et à laquelle on cherche par l'agitation
à échapper, donne, dans le frisson, l'idée de l'avenir.

BUDAPEST, LA TRAVERSÉE DES IDÉOLOGIES

En 1966, Ivan Boldizsar, Directeur de la revue *New Hungarian Quarterly*, me fit parvenir une invitation à visiter la Hongrie. J'avais fait sa connaissance quelques années auparavant lors d'un congrès littéraire international. Curieux personnage. Il avait gardé de la vieille Europe une courtoisie qui frisait l'onctuosité, une culture multiforme et un vif sens de l'humour et de la répartie. Il se répandait dans les rencontres internationales et commençait immanquablement ses discours par : « Je ne suis pas communiste. » Cela lui donnait latitude pour écouter les critiques que l'on adressait à son gouvernement et défendre habilement le régime de son pays. « J'ai connu les geôles des nazis et des staliniens », confiait-il, faisant ainsi taire toute réplique.

Le lendemain de mon arrivée à Budapest, il m'invita chez lui. Il célébrait l'anniversaire de son mariage. Toute la gent intellectuelle hongroise était là. Son jeune fils, devenu plus tard un dramaturge connu, me servait d'interprète. Sur le balcon, nous étions nombreux à contempler les lumières de la ville.

— Eluard aimait beaucoup passer quelques heures sur ce balcon, me confia Ivan. Tant d'autres y ont défilé : Aragon, Elsa Triolet...

Dix ans auparavant, Budapest était mis à feu et à sang par la révolution ; les chars soviétiques avaient écrasé le soulèvement anticommuniste. On me remit la liste des personnalités littéraires et artistiques qu'on me suggérait de voir. J'étais content de connaître Woeres, le peintre qui fit partie du groupe surréaliste à la fin de la Première Guerre mondiale, le poète et romancier Illyés, dont j'avais admiré les descriptions de la vie paysanne, le cinéaste Istvan Szabo. J'avais aussi ma propre liste. Et tout d'abord György Lukács. J'avais écrit dans *Le Devoir* et dans *Liberté* des articles sur sa *Théorie du roman* et son *Roman historique*. Ivan les lui avait communiqués et j'avais reçu de lui une lettre, en allemand, qui commençait ainsi : « Je lis depuis plusieurs années vos articles dans la revue *Preuves*.» *Preuves* ? La revue de gauche, ouvertement anticommuniste ? Je n'en revenais pas.

Philosophe, grand théoricien du marxisme, Lukács avait souvent eu maille à partir avec les autorités communistes en place. Membre du gouvernement communiste de Béla Kun en 1918, il dut s'exiler en URSS après la défaite de celui-ci. En 1956, il fut à nouveau membre d'un autre gouvernement éphémère, celui de Nagy. À l'arrivée des blindés russes, il chercha refuge en Roumanie. Il venait de regagner sa résidence à Budapest et vivait sinon dans la clandestinité, du moins dans la discrétion. Quand je fis part à Ivan de mon désir de lui rendre visite, il me dit :

— Si je lui téléphone, il refusera. Le plus simple c'est que vous lui téléphoniez vous-même. Son numéro est dans l'annuaire. Vous le connaissez et vous êtes de passage. Il vous verra ne fût-ce que par simple courtoisie. En effet, le célèbre philosophe me donna rendez-vous chez lui le lendemain.

J'habitais au vieil hôtel *Duna*, démoli depuis. Les serviteurs s'adressaient aux étrangers, d'où qu'ils soient, en allemand, la *Lingua franca* de l'Empire austro-hongrois. De ma chambre, je regardais couler le Danube. Des promeneurs, des pêcheurs à la ligne se tenaient sur les marches qui longeaient les quais. Des églises baroques, aux couleurs jaune orange, dont je n'ai trouvé de semblables qu'au Mexique, donnaient à la ville, en plus d'un caractère de permanence, un air de légèreté, de fête, de plaisirs que l'on saisit, de joies que l'on attrape au vol.

Le concierge de l'hôtel m'indiqua sur la carte le quai de Belgrade où habitait Lukács. L'immeuble portait encore les stigmates de la guerre. Le philosophe m'attendait. Petit, mince, sa fragilité apparente contrastait avec la vigueur, la force de sa pensée. Un pantalon noir, une veste grise, il se promenait dans sa salle de travail. Les murs étaient couverts des œuvres complètes de Marx et de Hegel. Je l'ai interrogé sur la littérature et l'art. Il réitéra ses positions, ses partis pris : la grandeur de Thomas Mann et la décadence de Joyce. J'ai dit, en passant :

— À Heidelberg, vous avez connu Heidegger.

— Ce nazi ? Je n'ai jamais fréquenté de nazi.

Il était enflammé de colère ; le nazisme de Heidegger était pour lui un fait, une évidence. Cette interview était la première qu'il accordait après sa

« réhabilitation ». Publiée dans *Le Devoir* et dans la *Quinzaine littéraire* à Paris, elle fut traduite par *L'Espresso* de Rome.

À midi, je pris l'habitude d'aller au café Gellert où l'on servait des gâteaux viennois. Mon déjeuner consistait en deux gâteaux que je mettais longtemps à choisir. Les hauts plafonds, les journaux, les souliers de toile des serveuses rappelaient la persistance d'une époque qui n'était pas tout à fait révolue en dépit des régimes et des idéologies.

J'appelai le romancier Miklós Mészöly. J'avais écrit dans *Le Devoir* un article sur son roman *La Mort d'un cycliste* paru en français au Seuil. L'ouvrage fut aussi traduit en allemand, mais sa publication fut interdite en Hongrie. Mészöly était un écrivain « toléré ».

— Nous n'avons malheureusement pas les moyens de vous inviter à dîner, s'excusa sa femme.

Elle souffrait, pour sa part, d'un double exil, d'un double interdit : psychanalyste et originaire de Transylvanie.

— On ne peut pas parler de Freud ici, me dit-elle, la Transylvanie est gouvernée par les Roumains qui ne permettent pas la libre expression aux Hongrois qui constituent la majorité de la population.

Pour son mari, j'étais doté d'une grande perception. J'avais commencé mon article : « Ce roman n'a rien à voir avec le sport. » Or, ailleurs, on en avait confié la recension à des journalistes sportifs. En plus d'être marginalisé chez lui, il était incompris à l'étranger.

— Chez nous, me dit-il, la littérature vit, continue.

Il s'intéressait à la Bible, à un christianisme vivant et était indifférent aux dogmes officiels auxquels personne ne croyait.

Ma visite suivante fut au peintre Endre Balint. Ses tableaux étaient exposés en France, en Italie, mais jamais dans son pays. Il vivait d'illustration de couvertures de livres. Il habitait un immeuble qui portait encore les marques de la guerre. Les travaux de réparations se poursuivaient. L'appartement était jonché de morceaux de bois récupérés dans des édifices démolis. Il les utilisait pour peindre ses tableaux. Balint avait une prédilection pour les cimetières qu'il faisait illuminer par des lunes. Il s'inspirait, pour ses couleurs, de l'art byzantin.

J'ai admiré ses figurations, son imaginaire répétitif, obsessionnel, ses paysages lumineux même quand il s'agissait de pierres tombales. Il m'offrit un tableau à condition qu'à mon retour je lui envoie un chèque en dollars afin qu'il puisse se procurer des marchandises dans les magasins réservés aux porteurs de dollars.

Traversant le pont, je me rendis à Pest, la ville sœur ou l'autre partie de la ville. J'avais l'impression d'être un promeneur invisible, rendant visite à des hôtes clandestins. Les intellectuels, les artistes vivaient à l'ombre du drapeau rouge et n'éprouvaient même plus le besoin de s'opposer à un régime qui ne parvenait plus à conserver son orthodoxie totalitaire. Où étaient passés les communistes ? demandai-je à Ivan. Il me présenta à un historien qui, pendant une heure, avant que je ne lui pose des questions, chercha à répondre aux accusations que l'on adressait au communisme. J'avais l'impression d'être en face d'un fantôme, dans un royaume où il n'y avait plus de sujets, sauf quelques survivants qui ânonnaient des phrases depuis longtemps tombées en désuétude.

C'était l'époque des vendanges. Boldizsar me fit faire un tour de caves. Avec le vin, on nous offrait du pain et du fromage. Quelque peu chancelants, nous nous arrêtâmes dans un café de village. Un petit orchestre de tziganes nous fit entendre des airs tristes et nostalgiques. Où se trouve le pays réel ? me suis-je demandé. Des artistes, des écrivains traversaient, année après année, un désert d'attente. Dans l'espoir de quelle délivrance ? Puis, j'ai regardé le tableau de Balint, j'ai relu Mészöly et me suis dit que le pays réel était là, même quand il ne s'exposait pas aux regards des geôliers et des tortionnaires.

PRAGUE, LA VILLE VIEILLE-NOUVELLE

Il y a quelques années, avant la « révolution de velours » et la chute du mur de Berlin, je me trouvais chez Milan Kundera, dans son petit appartement de Montparnasse. De sa fenêtre, on dominait un coin de Paris. « Quelle belle vue ! » m'exclamai-je. « Oh, répondit-il d'un ton de tristesse et de nostalgie, que diriez-vous alors si c'était Prague ! »

Avant de m'y rendre, j'avais l'impression de connaître cette ville grâce surtout aux romans de Milan Kundera et de Josef Škvoreckỳ. Installé à Toronto depuis 1968, ce dernier avait transporté son pays dans ses bagages : il fonda une maison d'édition tchèque et pendant les longues années d'obscurité, il publia, dans leur langue, ses amis Kundera, Pelikan, Václav Havel… Me voici enfin dans cette ville dont il m'a si souvent parlé, tel un lieu mythique. Tout en rendant hommage à ces romanciers qui l'ont si bien évoquée dans leurs écrits, je dois dire que la réalité dépasse la fiction.

La première impression est celle d'un éblouissement. Dans le quartier historique, la diversité des façades mauves, jaunes, vertes, ocres et bleues nous happe. En dépit des voisinages singuliers, inusités de styles et d'architectures, il se dégage un sentiment de grande harmonie. Je m'arrête devant la Maison de ville rénovée, puis je passe devant des églises gothiques, baroques, rococos ainsi que des théâtres, des magasins... jusqu'au fleuve, la Vltava (la Moldau) et ses enfilades de ponts. Je traverse le pont Charles, le plus connu, le plus fréquenté, admirant les statues qui le bordent des deux côtés, tel un récit historique. Les touristes du monde entier s'y agglo-mèrent. Encombré certes, comme toute cette partie de la ville, mais quel joyau d'une civilisation semi-interdite pendant un demi-siècle de communisme.

Le lendemain matin, je devance un peu la foule et le saisissement cède la place à l'enchantement. J'ai l'impression d'être entouré de décors d'un immense théâtre où se déploient l'histoire, l'art et une beauté qui ne cache pas ses mystères. J'ai alors le sentiment de comprendre l'*Amérique* de Kafka, où il décrit le Grand théâtre de Pennsylvanie sans avoir jamais mis les pieds aux États-Unis. Ici, on n'a même pas besoin de rêver le théâtre. On le voit, il nous entoure, nous submerge et il est bien vivant.

Le soir, je me rends au Théâtre des États comme si inconsciemment j'avais besoin de confirmer cette présence. On y donne *Les Noces de Figaro* de Mozart. À l'intérieur de cette salle qui ressemble à un immense bijou de porcelaine, mon émotion est à son comble quand j'apprends que c'est là que fut créé *Don Giovanni* sous la baguette de Mozart en personne. Je comprends pourquoi celui-ci avait tant d'affection pour cette ville. Sous les apparences d'une légèreté qui traverse le corps pour atteindre l'âme, on y découvre la gravité sinon le tragique.

Prague est aussi une ville grave où, sous des dehors d'humour sinon de comique, Kafka a su déceler les enjeux tragiques de notre monde. Je pars sur ses traces. Alors que les autorités totalitaires d'hier avaient du mal à le tolérer, aujourd'hui on le reconnaît comme le produit et on le célèbre comme le fils de sa ville. À un croisement de rues, un buste indique son lieu de naissance. Plus loin, une plaque mentionne un édifice où son père avait son bureau. Cependant, pour aller à sa rencontre, il faut se rendre au quartier juif qui se trouve au cœur de la ville. Un cimetière, parmi les plus vieux cimetières juifs d'Europe, et des synagogues. L'une d'elles porte le nom paradoxal de *vieille-nouvelle* (appellation qui conviendrait parfaitement à Prague) et date du XIIIe siècle. Trois autres furent construites au XVIe; le quartier est un haut lieu historique et pas seulement pour les Juifs. Traces d'une époque et vestiges d'une communauté disparue, engloutie dans les camps dont celui de Terezin, à proximité de la ville.

Un peu plus loin, derrière la basilique gothique, dans une rue aux maisons basses, aux pièces étroites où vivaient des artisans, une maison est désignée comme celle de la sœur de Kafka, morte à Auschwitz, et où l'écrivain s'isolait pour écrire. J'ai mal à le croire en entrant dans une pièce étouffante et je résiste constamment à la tentation de réinterpréter le *Procès* ou le *Château* par rapport à la ville où ils furent rédigés. Il serait abusif, me dis-je, de chercher, dans l'œuvre de Kafka, des correspondances entre ses écrits et la réalité physique de sa ville. Qu'il ait écrit en allemand ne semble pas terriblement en décalage avec cette ancienne capitale des Habsbourg où l'influence germanique est visible et d'abord dans la cuisine où bière et saucisses sont omniprésentes. Nombreux sont les édifices qui rappellent Munich et la Bavière mais encore davantage l'Italie, car Prague est cela aussi : une ville du midi en plein nord. Une immense statue de Jan Hus rappelle que c'est ici que cet homme de religion prêcha les réformes avant Luther et Calvin. Mort brûlé vif, il est devenu une figure héroïque pour tous ceux qui ne courbaient pas l'échine face au dogmatisme communiste.

Le soir, en me promenant sur la place Venceslas qui, en fait, est la grande avenue de Prague, je revois les images des étudiants qui s'opposaient, en ce lieu, les mains nues, aux chars soviétiques et à la « normalisation ». Prague célèbre son passé en l'intégrant au présent comme si ses habitants revivaient l'histoire en y ajoutant de nouvelles pages. Je tente de faire abstraction des touristes qui vont d'un magasin de cristal à un étal de marionnettes pour s'attabler devant l'horloge qui, toutes les heures, fait sortir comme d'une boîte magique ses personnages alors qu'un squelette, faisant tinter sa cloche, nous rappelle que le temps passe inexorablement.

Je parcours à nouveau ces rues et les couleurs joyeuses de la journée se transforment en ombres rieuses. Et voici qu'enfin je comprends l'engouement de mon amie et collègue Eva Legrand pour le kitsch qu'elle enseigne et auquel elle a consacré, à l'Université du Québec à Montréal, un colloque et une exposition. Ici, le kitsch, ce mélange inattendu, surprenant, apparaît aussi comme une variante, une figure de beauté : une forme d'art.

Je quitte Prague avec le sentiment que, désormais, je ne relirai plus Kafka et n'écouterai plus Mozart de la même façon.

ALGER, PRÉSENCE DU PASSÉ

Nous sommes à la fin des années soixante. À l'aéroport de Constantine, un professeur de l'Université attendait les invités :

— Vous n'avez pas reçu notre câble ?

— Non.

— Évidemment, puisque vous êtes là ! Le colloque est annulé.

D'abord désemparé, il finit par esquisser un sourire.

— Vous pouvez rester ici deux ou trois jours.

Nous étions plusieurs à n'avoir pas été prévenus à temps. Un professeur de Seattle, un autre de Los Angeles, un écrivain de Damas. Nous allions tous parler des rapports entre les langues. J'allais, pour ma part, décrire mon passage de l'arabe au français. Pourquoi le colloque fut-il annulé ? Qui était le responsable de l'annulation ? Des rumeurs circulaient et je dois avouer que même aujourd'hui, je ne le sais pas.

Le lendemain matin, visite de l'Université. Belle architecture, pittoresque, œuvre d'Oscar Niemeyer, l'architecte de Brasilia. Formes superbes qui s'insèrent parfaitement dans le paysage urbain. J'ai retrouvé là les obsessions de l'artiste brésilien. Beauté formelle et décor urbain. Il peut négliger l'utilité et oublier le confort. C'était le cas à Constantine. L'aération ne correspondait pas au climat. Dans cet édifice, il faisait trop chaud en été et trop froid en hiver. Ville d'une beauté austère. À sept heures du soir, pas une femme dans la rue. Un professeur me raconte que son cours se terminant à sept heures, il a dû s'engager à accompagner, chez elle, une étudiante brillante qui, autrement, n'aurait pas pu le suivre. Foyer de lutte contre le colonialisme, la société traditionnelle de Constantine reprit ses droits après l'indépendance. «Nous vivons une période de régression», m'expliqua une jeune enseignante.

J'avais demandé à l'ambassade du Canada de me réserver une chambre d'hôtel à Alger où je souhaitais passer quelques jours après le colloque. Je tente, en vain, de joindre au téléphone l'ambassade. La visite est terminée. Je prends l'avion pour Alger. À l'arrivée, je laisse ma valise à la consigne de l'aéroport et me rends en car au centre-ville. On me dépose devant l'hôtel Aletti. Je demande une chambre. À la réception, on me dit non, sans même me regarder. Cet hôtel servait de résidence pour certains diplomates. Devant l'hôtel, une station de taxis. J'attends. Pas l'ombre d'une voiture. Je m'adresse à un policier. Il me confirme distraitement que c'est bien là la station mais que les taxis sont rares... J'attends. Un homme, élégamment mis, s'avance vers moi :

— Où voulez-vous aller ?

— À l'ambassade du Canada.

— Je vais vous y emmener. Suivez-moi.

Je lui parle en arabe, lui disant que je suis l'invité de son pays. Je lui demande le prix de la course.

— Qui parle d'argent ?

Nous parlons d'Alger. Oui, c'est ma première visite.

— On peut bien s'amuser ici, me dit-il. Ce soir, si vous voulez, je vous attendrai devant l'hôtel. Je vous ferai connaître cette ville qui ne se livre pas facilement.

La voiture s'arrête :

— L'ambassade est là. Vous n'avez qu'à traverser la rue. Il m'indique le prix de la course.

— C'est énorme, dis-je.

— Pas pour un Canadien.

Je compte ma monnaie.

— Venez avec moi à l'ambassade. On me changera mon argent.

— Donnez-moi ce que vous avez. Puisque nous nous reverrons ce soir.

C'était sa manière de s'esquiver dans les formes. Chauffeur d'un officiel, faire du taxi était pour lui un bénéfice marginal et clandestin. Il ne voulait surtout pas risquer de tomber sur des officiels.

À l'ambassade, on cherche à me loger. Un hôtel ? Inutile d'essayer. Jeremy Kinsman, le premier secrétaire, offre à me loger chez lui. Je lui dis que je connais Paul Balta, le correspondant du *Monde* à Alger.

— C'est un homme très influent ici. Tous les journaux locaux suivent la ligne officielle. Pour toute opinion divergente, même quand elle émane de cercles gouvernementaux, on passe par *Le Monde*.

Je joins Balta au téléphone. Il me suggère de rencontrer plusieurs personnalités dont le ministre de la Culture, Ahmed Talib Ibrahimi. Le lendemain, nous nous rendons à son bureau. Combattant de la première heure, il fut fait prisonnier par les Français et son livre *Lettres de prison* est enseigné dans les écoles d'Algérie. Il m'en remet un exemplaire. La lettre la plus émouvante est adressée à Albert Camus. Amour contrarié, dépité. L'écrivain français n'avait pas appuyé les nationalistes algériens.

Fils d'un *faquih*, d'un savant de l'Islam, Ibrahimi avait fait des études au Caire et maîtrisait, par conséquent, l'arabe littéraire. Je m'étais aperçu que ce n'était pas le cas d'autres dirigeants algériens. L'une des rumeurs qui circulaient à Constantine lui attribuait la décision d'annuler notre colloque. Motif? On y faisait trop de place à la langue et à la culture kabyles qui n'étaient que tolérées dans le pays. Quand j'ai fait allusion au colloque, le ministre avait l'air d'en avoir vaguement entendu parler.

Le soir, nous sommes allés dîner à un restaurant de poisson au bord de la mer. Vue imprenable. La brise du soir, vivifiante, faisait surgir le goût des nuits méditerranéennes qui se prolongeaient à l'infini. Apercevant Paul Balta, le restaurateur insista pour nous offrir le champagne. Ces établissements, ainsi que d'autres commerces plus modestes, appartenaient à des pieds-noirs. Le nouveau pouvoir les offrit à des veuves et à des héritiers de *chuhada'a*, de martyrs. Souvent, ne sachant pas les gérer, les nouveaux propriétaires les vendaient.

Prise entre la volonté d'être arabe et la connaissance approximative de cette langue, une partie de l'élite algérienne s'appuya sur la religion. L'islamisme était né. Un intellectuel m'invita chez lui pour un méchoui. J'ai retrouvé là la chaleur, l'hospitalité spontanée, apanages du monde arabe. Nous mangeâmes, comme il se doit, avec nos doigts et mes hôtes se réjouissaient d'être en présence d'un Canadien qui, de par son origine, ne pouvait pas les reléguer à l'exotisme. Nous discutâmes de langues.

— Il faudrait donner au dialecte le statut d'une langue officielle, avança un professeur de mathématiques. C'est la langue du peuple.

J'étais réticent. L'arabe est la langue commune des pays du Moyen-Orient et de l'Afrique du Nord. Qu'importent les dialectes. J'avais l'impression de revenir aux débats de mon adolescence à Bagdad. On m'interrogea sur le *joual* et j'affirmai qu'au Québec, on parlait français.

L'Algérie indépendante s'était voulue arabe et musulmane. Or, pour cette population, dont la moitié est kabyle, dont l'élite est en grande partie francophone, l'arabe n'est pas la seule langue de culture. Ferhat Abbas, l'un des fondateurs de l'Algérie contemporaine, ne parlait pas l'arabe et il fallait importer d'Égypte, d'Irak, de Palestine, des journalistes, des enseignants pour mettre en pratique la politique qui avait proclamé l'arabe comme langue officielle.

Comment se libérer de la France tout en gardant la porte ouverte au monde, à l'Occident ? Or, celui-ci représente aussi une menace, une mise en question. Les enfants qui apprenaient l'arabe à l'école corrigeaient le dialecte de leurs parents. « Nous nous approprions une langue dont nous fûmes privés », me dit un ingénieur. « Si, en plus, on nous demande de faire une place au kabyle... Je respecte cette langue, se hâta-t-il d'ajouter. Je respecte ceux qui s'en réclament et qui désirent la préserver, mais c'est en arabe que notre nationalisme s'exprime, que nous vivons notre Islam et que nous construisons l'avenir. »

Je me suis longtemps promené dans les rues étroites de la casbah. Lieu de lutte contre les Français, refuge des fugitifs poursuivis par l'armée et la police, c'était là que s'entassait le passé et que surgissait l'avenir. Un avenir incertain, à l'image de ceux qui étaient en manque de langue, à la recherche d'une culture, de l'affirmation d'un passé, à l'image de ceux qui avançaient dans l'incertitude. Des enfants, des adolescents m'entouraient comme si les portes basses et les murs noircis par les années éclataient, mettant en liberté d'autres enfants, d'autres adolescents.

Le lendemain, déjeuner chez l'ambassadeur. La terrasse dominait la baie d'Alger. À la table, un diplomate américain, spécialiste de la civilisation arabe en Espagne. La villa, qui avait appartenu à un colon français, était maintenant la propriété d'un Algérien, militant de la première heure qui exigeait un loyer en dollars. La mer s'étendait dans une splendeur qui laissait s'infiltrer la nostalgie, une légère et douce mélancolie. La France était-elle si éloignée ? Sans doute. L'Arabe ne finissait pas de s'installer. Ce n'est que plus tard qu'on fera les comptes, le partage entre pertes et bénéfices.

DAKAR, VILLE DE RENCONTRE

C'était ma deuxième visite à Dakar. Quinze ans auparavant, j'y avais assisté au Congrès des journalistes de langue française. Cette fois, je rendais visite à mon ami André Couvrette qui venait d'y être nommé ambassadeur et qui allait me mettre pleinement à contribution : conférences, interviews aux journaux, à la radio et à la télévision.

André m'attendait à l'aéroport. Il n'était pas question que j'aille à l'hôtel. L'ambassadeur et sa femme sont accueillants et la résidence est spacieuse. Avant de me rendre au Sénégal, j'avais passé une semaine au Maroc, j'étais donc relativement reposé.

— Nous sommes à proximité de l'aéroport, me prévient mon hôte. L'avion qui va de Nairobi à New York fait escale à Dakar à trois heures du matin. Le bruit risque de te réveiller, mais on finit par s'habituer.

C'était le début de l'automne et la saison des pluies n'avait pas encore commencé. Nous étions à la période des alizés. Nous prenions le petit déjeuner, dehors, à la véranda. Une brise humide adoucissait l'ardeur du soleil. Le vent changeait de direction, capricieusement me semblait-il. J'avais l'impression d'être au cœur d'un constant courant d'air :

— Ce sont les alizés, m'explique André. Le vent vient de toutes les directions. Cela étourdit au début, mais on s'y fait.

Ma première conférence était prévue cet après-midi là, à l'Université. Nous nous rendîmes au bureau du doyen de la Faculté des Lettres :

— Les étudiants étaient en grève cette semaine, dit-il d'un air sombre. Je ne sais pas s'il y aura du monde.

— Cela ne fait rien, dis-je, rassurant. J'aime les petits auditoires.

Nous parlons du Sénégal et du Canada. Le temps passe. Je consulte ma montre :

— Nous allons nous rendre à la salle, soupire le doyen.

Là, quatre personnes, debout, bavardaient. Une Française, professeure invitée, un Vietnamien et deux étudiants sénégalais :

— Nous allons annuler la conférence, décida le doyen.

— Je suis disposé…, protestai-je.

— Il n'en est pas question.

Je me présente à mon potentiel auditoire et, au bout de quelques minutes, on nous reconduit.

— Dommage, dit André, ironique. Quatre continents étaient représentés dans la salle.

Le lendemain, rendez-vous à la télévision. Une hôtesse, en robe longue, costume national, me conduit au studio. L'entrevue est menée par un couple, des Haïtiens qui connaissent bien Montréal. À la sortie,

on me présente à un autre animateur, un Blanc, au nom arabe :
— Vous êtes ici depuis longtemps ? demandé-je.
— Je suis né ici, répond-il offusqué. Je suis Sénégalais.
On m'explique que les descendants des Blancs sont souvent susceptibles. Le problème racial existerait-il ici à l'envers de ce que nous connaissons ? On me rassure. Les Africains ne sont nullement racistes. Ils sont chez eux et entendent occuper leur espace.

Dans l'après-midi, nous nous rendons à l'île de Gorée. Je visite la maison où l'on enfermait les esclaves et où les bateaux venaient les recueillir. Nous sommes loin de l'exotisme touristique. Le crime commis par l'homme contre l'homme resurgit. Je regarde la fenêtre où l'on faisait passer le bétail humain et me dis que l'Afrique ne pourra, ne devra jamais, oublier l'esclavage.

Au retour, nous nous arrêtons à la plage. Je ne m'étais jamais baigné dans une eau aussi chaude. J'avais l'impression que l'eau de l'Afrique était la seule à pouvoir laver son passé. Un homme est-il responsable des crimes des hommes ? De tous les crimes ? Ceux du passé et ceux qui se commettent encore sous nos yeux ?

Le soir, conférence publique dans une salle au centre de la ville. Un public nombreux et des questions à propos du Canada qui fusent. Un journaliste, formé par le Centre du journalisme que des Québécois dirigeaient, à Dakar, depuis des années, m'interroge longuement sur les lieux et les personnes qu'il avait connus lors de son stage à Montréal.

Le lendemain, journée faste. Le poète Léopold Sédar Senghor allait me recevoir dans son palais présidentiel.

L'édifice, d'un luxe classique, discret, était la résidence du représentant de la France à l'époque où le Sénégal faisait partie de l'Empire français. J'avais connu le président à un congrès d'écrivains au Vermont, mais c'était le poète qui me recevait. Habillé avec élégance, il me demanda des nouvelles du Québec, me parla des poètes qu'il y connaissait, qu'il aimait. Autour de lui, tout, la bibliothèque, le bureau, exhalait un air parisien. Il demanda à sa secrétaire d'apporter un exemplaire de ses œuvres poétiques complètes que les Éditions du Seuil venaient de publier, me le dédicaça :

— Le Sénégal est un pays de rencontre et de fraternité. Ici, musulmans et chrétiens vivent en harmonie. J'ai dit à mes amis arabes et israéliens que je suis prêt à les accueillir ici s'ils veulent parler de paix.

Je l'ai interrogé sur la francophonie.

— Notre langue commune, dit-il, est un lien solide. Ce n'est pas uniquement un instrument de communication. C'est un élément essentiel dans l'édification d'une culture universelle.

Me reconduisant à la porte de son bureau :

— Il faudra revenir. Je voudrais réunir des intellectuels juifs, musulmans, chrétiens pour débattre des problèmes qui nous assaillent tous. Il faudrait que les intellectuels n'oublient pas leur responsabilité. Je continue, quant à moi, à faire ma part. Mes fonctions ne m'ont jamais empêché de penser et d'écrire en toute liberté.

Le spectacle de la rue me réserve des surprises, à condition que l'on ne s'aperçoive pas de ma présence, car je suis l'Autre, le touriste, et ne peux pas me fondre dans la foule. À chaque coin de rue, on me propose statues et bibelots. Je marchande. Je retrouve mes habitudes de jeune homme de Bagdad. Au souk, les boutiques se suivent et se ressemblent. Une allée de marchands de tissus, une autre de vendeurs de cuir. Dans leur majorité, les commerçants sont des Blancs, des Arabes, Libanais ou Marocains. Cherchant sans doute à oublier ma différence, à me retrouver en pays de connaissance, je m'adresse à l'un d'eux en arabe. Il me répond en français. Descendants d'Arabes, il est possible, me dis-je, qu'ils aient oublié leur langue d'origine. Je marchande et l'on ne me comprend dans aucune boutique. Imperceptiblement, les commerçants s'étaient fait signe. On ne veut pas me vendre. Je ne saisis pas. Ces hommes seraient-ils si vulnérables que tout rappel de leur origine peut faire poindre l'ombre menaçante de la différence puis de l'hostilité et de l'exclusion ? L'ordre qui règne ici serait-il si fragile ?

Ce groupe de marchands est un produit du colonialisme. Les sujets de l'*Empire* se promènent dans son territoire sous l'œil protecteur de la métropole, comme c'est le cas des Indiens à Fidji qui, eux, étaient les protégés de Londres.

Pour me rassurer, je me répète les paroles du président. Le Sénégal est une terre de fraternité. Il est catholique dans un pays à majorité musulmane. C'est possible. C'est encore possible...

TOLÈDE, LIEU DE RETOUR ET LIEU DE RENCONTRE

En 1989, le gouvernement de Madrid voulut rappeler que l'Espagne ne fut pas seulement le pays de l'Inquisition et de l'expulsion des Juifs et des musulmans, mais aussi un lieu de rencontre où les membres de ces deux communautés ont vécu dans l'harmonie. Par l'entremise de personnes qui s'étaient consacrées depuis des années au dialogue entre Juifs et Arabes, l'Espagne convia à Tolède des Juifs d'origine arabe et des Palestiniens dont plusieurs dirigeants de l'OLP. J'ai accepté l'invitation que j'ai reçue avec enthousiasme. Nous allions parler du passé lointain et récent mais aussi du présent.

Parmi les invités, j'ai retrouvé plusieurs Israéliens d'origine irakienne, des écrivains comme Sami Mikhael et Shimon Balass qui avaient quitté Bagdad au début des années cinquante et qui évoquent, dans des romans écrits en hébreu, les réalités dont j'ai fait le récit en français dans mes romans *Adieu Babylone* et *Farida*.

L'Espagne qui nous accueillit avait alors un gouvernement socialiste, avait définitivement rompu avec le franquisme et cherchait surtout à réhabiliter un passé de rencontre de cultures plutôt que celui de «pureté de sang» qui avait prévalu lors de l'Inquisition. L'atmosphère était encore très lourde alors et il fallait prendre d'importantes précautions de sécurité. Nous fûmes logés dans un excellent hôtel voué aux réunions et aux congrès, situé à plusieurs kilomètres de la ville, et répartis sur trois étages différents, les Arabes encadrés par l'OLP venus surtout de Tunis, les Israéliens, et les autres Juifs d'origine arabe venus de France, des États-Unis et, dans mon cas, du Canada.

Le gouvernement israélien de l'époque interdisait tout contact entre Israéliens et membres de l'OLP et les ressortissants de ce pays savaient qu'à leur retour, ils pouvaient être traduits devant les tribunaux. Pour leur éviter de telles inutiles tracasseries, les organisateurs avaient pris des précautions. Non seulement les Israéliens et les Palestiniens n'étaient pas logés au même étage mais, à la salle à manger, ils disposaient de tables séparées. Heureusement, cela n'a nullement entamé la chaleur des débats ni la qualité des interventions. Les Israéliens présents donnaient une impression de confusion. Plusieurs parmi eux avaient des comptes à régler avec leur gouvernement. Cependant, dans la diversité de leurs discours, la majorité d'entre eux étaient, tout autant que les Palestiniens, en quête d'un terrain d'entente et, au-delà d'une simple cohabitation, souhaitaient l'élaboration d'une vie commune qui permettrait leur épanouissement.

Nous avions le choix de parler en arabe, en hébreu, en anglais, en français ou en espagnol. Deux langues prédominèrent : l'arabe et l'hébreu, et dans leurs conversations privées, Israéliens et Palestiniens passaient réciproquement de l'une à l'autre.

Le jour de mon arrivée, un homme m'accosta, un livre à la main :

— Abbas Shiblak, dit-il. Voici mon livre sur les Juifs de Bagdad. Je vous cite.

Palestinien, musulman, Shiblak était l'un des représentants de l'OLP à Londres. Dans son livre, rédigé en anglais, consacré à ma communauté d'origine, il critique les politiciens arabes d'avoir forcé les Juifs de Bagdad, installés dans cette ville depuis vingt-cinq siècles et qui étaient un important pivot de la vie intellectuelle et économique du pays, à quitter l'Irak.

Très entouré, Mahmoud Darwish, l'intellectuel, la tête pensante de l'OLP mais surtout grand poète, expliquait en hébreu à des Israéliens un poème violent qui avait soulevé la colère en Israël. « Je cherche le dialogue, disait-il, même quand je me sens obligé de recourir à la provocation. »

Il y eut des discours sur l'Histoire et, dans le mien, j'ai évoqué l'Espagne des Xe et XIe siècles où Juifs et musulmans parlaient une langue commune : l'arabe. C'est d'ailleurs dans cette langue que les écrivains israéliens Balass et Mikhael ainsi que le professeur David Semah se sont exprimés à la tribune. Cela semblait tout naturel dans le cas de Balass et de Semah : ils enseignaient la littérature arabe à l'Université de Haïfa.

Le discours le plus émouvant fut celui de la fin. Dans des mots dont l'élégance ne diminuait en rien la pesanteur, Mahmoud Darwish s'adressa aux

Israéliens. « Auparavant, dit-il, vous aviez peur de nous. Maintenant c'est de vous-mêmes que vous avez peur. »

Nos débats étaient substantiels, drus, et nous ne cédions pas à une fraternisation verbale facile. Tout le monde voulait la paix et personne n'ignorait qu'elle était entourée d'embûches et de difficultés. Le soir, quittant notre hôtel-forteresse, nous nous rendions au centre-ville. Tolède a conservé l'immense richesse de son passé. Les mosquées et les synagogues avaient été converties en églises. Aujourd'hui, celles de Santa María la Blanca et du Transito sont devenues des monuments historiques. Nous nous promenions dans les rues étroites de la ville. Poètes et philosophes, Juifs et musulmans avaient traversé les mêmes chemins, discuté sur les mêmes terrasses et les mêmes perrons. Nous avions le sentiment exaltant qu'ils nous accompagnaient dans nos débats que nous espérions voir se transformer en retrouvailles.

Nous avions été chassés ensemble de cette ville. Nous y avions laissé des frères et des cousins qui avaient accepté la religion imposée, s'étaient convertis tout en continuant à pratiquer, en secret, leur culte. On les appelait les marranes et les inquisiteurs s'acharnaient contre ces nouveaux chrétiens, débusquant ceux qui conservaient leur foi en dépit des pratiques forcées.

Le lendemain, accompagnés d'un historien espagnol, nous visitâmes les vestiges d'un passé glorieux, d'un passé commun. Pour les Espagnols, ceux qu'ils appelaient les Maures étaient des envahisseurs. Ils s'apercevaient aujourd'hui que l'implantation arabe, qui a duré près de huit siècles, avait imprégné à jamais chaque pierre, chaque sentier de cette ville et de tant d'autres.

Nous passions les soirées à la terrasse d'un café. Fatigués, manquant de sommeil, nous n'avions nulle envie de rentrer. Juifs et musulmans, nous avions la nostalgie d'un pays qui n'était pourtant pas le nôtre, qui s'inscrivait dans un passé que nous rêvions, que nous imaginions heureux. Dans le langage commun que nous retrouvions, ce passé était sinon un gage ou une promesse, du moins un possible.

Le lendemain, matinée libre, nous nous étions retrouvés dans la ville médiévale. La veille, nous écoutions nos hôtes nous en énumérer les riches monuments tout en en signalant l'actuelle vitalité. Depuis le départ de nos ancêtres, la ville a, certes, conservé sa beauté et sa splendeur sans retrouver, toutefois, sa gloire et sa grandeur, celles dont nous avions été nourris dans nos lectures. Étions-nous partis sans guide pour retrouver la ville rêvée, imaginaire ? Nous parcourions rues et ruelles antiques et pourtant grouillantes de vie. Sur les visages des passants, hommes, femmes et enfants, je cherchais les traces des persécuteurs mais aussi des Juifs et des musulmans cachés qui, sous des apparences trompeuses, gardaient intacte, fût-ce dans l'ombre, une fidélité de tous les temps. Dans les détours de ces rues étroites, je voyais déambuler, présence lumineuse, Maïmonide et Ibn Ruchd Averroès, Ibn Paquda et Ibn Gabirol Avicebron. Soudain, la ville se libérait de ses ombres et de ses fantômes. Je regardais mes compagnons juifs et musulmans et j'avais envie de les prendre par la main pour, qu'ensemble, nous remerciions les Espagnols qui nous réunissaient. Si eux voulaient oublier qu'ils nous avaient chassés, nous, nous voulions oublier qu'aujourd'hui nous nous affrontions. Et la magie de Tolède agissait.

TEL-AVIV, L'AMÉRIQUE EN MÉDITERRANÉE

Installé dans un hôtel au bord de la mer, je n'ai qu'à traverser la rue pour me trouver dans l'eau. Les plages de la Méditerranée se prolongent d'un pays à l'autre mais ne se ressemblent pas. Je suis en pleine ville, à quelques mètres de l'ambassade des États-Unis. Les rues grouillent de monde : des employés de bureau, des vendeuses de magasins et, ici et là, quelques touristes, surtout des Américains, des Allemands et des Russes. À l'ombre des parasols, j'entends des Israéliens venus jouir de la beauté des lieux et de la fraîcheur de l'eau.

Les vagues, dans cette mer sans marée, sont à peine perceptibles. On dirait qu'elles ne sont là que pour faire courir et chahuter les enfants. En ce début d'été le soleil est ardent et seule une légère brise vient de temps en temps adoucir la chaleur humide.

Tel-Aviv est une métropole en pleine expansion. Avec l'agglomération des petites municipalités alentour, elle compte près de trois millions d'habitants, ce qui représente les trois cinquièmes de la population d'Israël. Les cafés et les restaurants qui jalonnent le bord de mer rappellent la diversité de cette population mais aussi sa prise en charge de son environnement. Des salades de tous genres, des jus de fruits : nous sommes en pleine région de riche végétation. À côté de la pizza devenue un plat universel, le *hoummous* palestinien et les *blintzes* russes. Les hommes et les femmes portent les mêmes souliers, les mêmes jeans et les mêmes t-shirts qu'à Montréal et qu'à Londres. Les nombreux McDonald's et Pizza Hut nous feraient penser que nous sommes en plein Manhattan... en Méditerranée si l'hébreu ne prédominait pas, nous rappelant la spécificité des lieux.

Le vent du matin annonce une journée chaude. Je m'aventure dans le quartier de l'ancienne gare d'autobus. Des rues où l'humidité a rongé les surfaces de maisons semi-délabrées. Des écriteaux en russe, en roumain. C'est là que s'agglomèrent les travailleurs étrangers et quelques nouveaux immigrants. Israël a besoin de main-d'œuvre et, redoutant les Arabes, l'importe d'Europe, d'Asie et d'Afrique. L'offre est abondante, mais déjà de nouveaux problèmes font surface. En dépit des limites des périodes de séjour, des enfants naissent et des hommes et des femmes se perdent dans le brouillard des villes.

Je reviens au bord de la mer. Je contemple l'écume des vagues qui se perd dans le sable. La nonchalance des baigneurs recouvre peut-être une insécurité à fleur de peau. Toute contestation apparaît comme une menace et l'on cherche protection dans une contre-violence que l'on s'impose à soi-même comme aux autres.

Samedi soir, comme si on voulait marquer la fin du jour de repos et oublier les problèmes de la semaine, une fiévreuse cacophonie envahit la rue, les haut-parleurs des terrasses se mêlent aux radios des voitures qui passent en trombe. Relâche qui ressemble à un mélange d'exubérance et d'affirmation d'une bruyante présence. Des vendeurs de jouets, de bijoux et de colifichets offrent des produits que des artisans étalent dans toutes les grandes villes. Des amoureux pudiques se tiennent par la main et des parents traînent des enfants qui sautent et qui rient. Le soleil se couche et la chaleur tombe. Un dernier saut en mer avant que la nuit ne fasse irruption sans la transition du crépuscule. Une jeune nageuse crie et un homme d'âge mûr, son père sans doute, lui répond en arabe. Note inattendue, quasi singulière. Non loin de là pourtant s'étend Jaffa, ancienne ville arabe où le territoire de cette langue semble rétréci, débordé par des boutiques, des boîtes de nuit et surtout des restaurants aménagés pour des touristes en mal d'exotisme.

Je m'attarde sur un banc. La ville semble vivre la plénitude de son épanouissement à l'abri d'une population arabe lointaine dont les journaux rappellent cependant quotidiennement la présence et la colère. Il y a quelques années, le personnel des restaurants et des plages comptait de nombreux Arabes. Aujourd'hui c'est un Roumain qui installe le parasol pour moi. À l'hôtel, ce sont des Russes qui assurent le service. Depuis l'*Intifada*, les Israéliens se méfient des Arabes et finissent par soupçonner chacun d'eux d'être sinon un terroriste masqué, du moins un terroriste en puissance. Est-ce exagéré, le produit d'une débordante imagination ? Comment le savoir ? Je lis le journal du matin. La veille, à la plage de Jaffa qui se situe à la limite de celle où je me trouvais, un petit voleur israélien, pensant subtiliser sur la plage un sac rempli de bijoux et d'argent de quelque touriste fortuné, s'isole au coin d'une rue pour l'ouvrir et découvre une bombe avec une minuterie en marche. Il dépose le paquet, éloigne les passants et appelle la police. La bombe est désamorcée et le petit voleur se trouve transformé en héros. Que de vies épargnées! Ainsi, pour les baigneurs, le poseur de bombes est une présence bien réelle. Un Arabe désespéré représente une menace de mort et le cycle infernal de la méfiance et de la violence se poursuit.

Ce samedi est différent des autres, car tous les premiers samedis du mois la Mairie de Tel-Aviv installe des discos, devant des espaces qui servent de pistes de danse. Je m'arrête au premier. Un garçon plein d'allant invite le public à participer au mouvement. Les haut-parleurs entonnent toutes les nouveautés, les *macarenas* et autres *salsas* en passant par le *rock*. La transpiration coule en rigoles sur les visages. J'aperçois une adolescente, déchaînée, totalement prise par le rythme, qui répète les mots anglais de la chanson. En effet, l'Amérique est bel et bien là. Je fraye mon chemin à travers la foule. On fait la queue devant des restaurants bondés.

J'atteins une seconde piste. D'autres rythmes, tout aussi nouveaux. Quand l'animateur, le disc-jockey, s'aperçoit que les néophytes sont trop nombreux, il quitte son siège. En piste, il entraîne des hommes et des femmes qui veulent bien s'initier. Il avance, donne l'exemple, compte les pas, transmet des indications. Ici, nous entendons d'autres rythmes. Nous sommes de retour en Israël. Les paroles appartiennent à la langue de la Bible et le battement rappelle les *horas* collectifs des *kibboutz*. Les danseurs sont de plus en plus nombreux, hommes et femmes, jeunes et vieux. Le rythme change ainsi que les paroles. Des mots arabes introduisent une *dabka* palestinienne adaptée au goût du jour. L'animateur reprend son rôle d'enseignant. La foule est tout aussi nombreuse et désormais l'hébreu alterne avec l'arabe. J'aperçois quelques Africains et quelques Asiatiques, sans doute des travailleurs étrangers, qui s'en donnent à cœur joie au rythme de la danse nouvelle. À côté de moi, un jeune homme s'adresse à son compagnon en arabe.

Dans ce débordement d'énergie, on devine et les passions et les dramatisations expansives. Israël est bien là, dans sa ville, et l'hébreu est la langue commune. Il n'y a pas de pays sans problèmes. Comment ne pas espérer qu'un jour, les sons de la musique puissent vaincre ceux des coups de feu !

JÉRUSALEM, VILLE DE L'ATTENTE

Nous sommes en 1997. Ma dernière visite à Jérusalem date de 1990, quelques mois avant le déclenchement de la guerre du Golfe. C'était l'automne, la période des grandes fêtes juives : le Roch Ha-Chanah (le Nouvel An), le Yom Kippour (le jour du Grand Pardon), le Soukkot (la fête des Tabernacles). Le pays était tout entier préoccupé par l'immédiat, les célébrations. Accueillir la nouvelle année, observer le jeûne au Yom Kippour, demandant à Dieu le pardon des fautes et des errements de toute la communauté et, ensuite, la construction avec des branches de palmiers, dans les cours des maisons ou sur les balcons, des tabernacles pour commémorer les quarante années passées par les Juifs dans le désert après leur libération du joug pharaonique et leur sortie d'Égypte.

Les journaux, la radio et la télévision rapportaient les discours incendiaires de Saddam Hussein. Les répliques du président américain Bush (père) n'étaient pas moins menaçantes. Les Israéliens n'étaient pas partie prenante de l'invasion du Koweït par Saddam ni de la contre-offensive occidentale. Cependant, le chef irakien ne les ménageait pas. Il allait anéantir l'ennemi sioniste. Préparés à se défendre, les Israéliens savaient pertinemment qu'ils se trouvaient à la portée des missiles de Bagdad.

D'habitude, en cette période de l'année, les touristes affluaient. Des Juifs américains, français, canadiens, britanniques faisaient coïncider leurs vacances avec la période des fêtes et Israël est un lieu privilégié pour les célébrer. De plus, à Jérusalem et en Israël en général, l'automne est la période idéale pour se promener, s'attarder devant les vitrines des magasins et visiter monuments et sites historiques. On évite la chaleur ardente de l'été et le vent frais et pluvieux de l'hiver. Aux terrasses des cafés et des restaurants, on se mêle à une foule qui semble être, en même temps, perpétuellement en vacances et constamment affairée. C'est la Méditerranée. Tel-Aviv, ville pourtant méridionale, est une réplique de certains quartiers de New York. À Jérusalem, la nonchalance, un certain laisser-aller, n'effacent pas la solennité des lieux et la gravité des visages des hommes et des femmes.

À l'hôtel, le silence contrastait avec le bourdonnement de l'extérieur. À la salle à manger, j'étais l'un des rares clients. Les autres, effrayés par les bruits d'une guerre imminente, avaient annulé leurs réservations. Conséquence apparemment paradoxale, la cuisine était sommaire et le service lent.

Je me suis dirigé vers la vieille ville, le souk arabe. Des yeux davantage surpris qu'hostiles se braquaient sur moi. Parlant arabe, je croyais briser le mur de méfiance. Or, mon accent irakien me trahissait. Les boutiquiers sollicitaient avec acharnement

les rares touristes occidentaux qui s'aventuraient,
sans doute innocemment, dans ces lieux. L'inquié-
tude, l'exaspération, l'attente à peine voilée d'une
vengeance, ne diminuaient en rien le souci de
vendre, de gagner sa vie.

Sans me précipiter, j'ai quitté les ruelles
antiques pour me rendre en haut des murs de la ville
construits par les Ottomans. Une extraordinaire terrasse. La ville s'étalait dans toute sa splendeur. Le
mur de l'Ouest (mieux connu sous l'appellation de
mur des Lamentations), la mosquée d'Omar, le mont
des Oliviers. J'ai tant et tant de fois contemplé cette
cité réclamée par trois religions, toutes monothéistes
et qui, souvent, oubliaient leur commune souche et
l'essentiel appel de paix que dictait leur foi.

À ma première visite, en 1953, la ville était
coupée en deux et, juif, je n'avais pas accès au Mur, à
cette partie de Jérusalem. Les Israéliens construi-
saient alors une ville parallèle, des quartiers nouveaux où j'allais retrouver des amis, des cousins, des
camarades de classe qui venaient de quitter Bagdad.
Nous discutions de l'avenir en parlant du passé. Nous
parlions en arabe et mes amis avaient déjà frayé leur
chemin en hébreu, langue sœur de l'arabe. Ils l'écri-
vaient et commençaient déjà à l'enseigner.

Quelques années plus tard, à la Foire du Livre de
Jérusalem, j'avais donné rendez-vous à mon ami d'enfance, Isaac Bar Moché. Adolescents, nous avions
commencé à écrire en arabe. Lui a continué publiant,
en Israël, plusieurs recueils de nouvelles et un roman
où il évoque notre vie à Bagdad. Cela faisait vingt ans
que nous nous étions vus :

— C'est moi qui t'ai reconnu le premier, me dit-il.

— Non, c'est moi.

— Tu n'as pas changé.

— Toi non plus.

Nous savions que ce n'était pas vrai. Isaac avait des cheveux gris et moi j'avais perdu une partie des miens. Nous voulions affirmer une permanence et nier le passage des années. À ma dernière visite, il n'était pas là. Il se trouvait au Caire où il était l'attaché culturel d'Israël. Vivre au Caire ! C'était le rêve de l'adolescent de Bagdad. La capitale égyptienne était la métropole intellectuelle du monde arabe. Isaac a vécu la réalisation de ce rêve grâce au pacte signé par Sadate et Begin.

Jérusalem bouge, change et demeure pourtant immuable. Devant le Mur, des hommes prient, certains glissent dans les interstices des pierres séculaires des bouts de papier. Vœux, demandes ou remerciements. Je me dis qu'il ne s'agit pas simplement de superstitions archaïques, de gestes d'idolâtrie. Dieu est invisible, innommable. Le geste est métaphorique, le prolongement d'une prière.

Lors d'une visite, je m'étais rendu chez mon ami le poète Yehuda Amichaï. Il était arrivé enfant de son Allemagne natale. Ses vers écrits dans un hébreu rigoureux, presque austère en apparence, sont d'un lyrisme débordant. Il habite une vieille maison quasi taillée dans la pierre et sa fenêtre s'ouvre sur les monts de Jérusalem.

— Je ne peux pas quitter cette ville. Pas pour longtemps en tout cas.

Je l'avais revu à New York puis à Toronto et, à chaque reprise, je le revoyais dans sa maison et, en rentrant chez moi, je relisais son poème sur son père qui suscitait en moi, chaque fois, une profonde émotion.

Nous sommes le soir de Yom Kippour. Le service à la synagogue est terminé. Les rues sont désertes et les maisons plongées dans l'opacité d'une nuit sans lumière. Heures de recueillement. Je fais le tour de mon hôtel. Dans le silence de la nuit, je sens vibrer le cœur de la ville. Quelles que soient les convictions de ces hommes et de ces femmes qu'abrite la pénombre, ils demandent pardon. Je suis saisi par leur calme, leur sérénité. Le monde va mal et cette ville est elle-même déchirée, menacée. Peut-être, me dis-je, que l'appel de cette nuit sera finalement exaucé.

AMSTERDAM, LA COULEUR DE REMBRANDT

Octobre 1991. J'arrive à Amsterdam par le train de Paris, passant par Bruxelles. Ciel couvert, sombre, pluvieux. L'hôtel se trouve au bord du canal, le Herengracht, non loin de la Gare Centrale. Je connais le parcours. Le Dam, la grande place, les petits ponts, les *grachten*, les canaux avec les chalands, les petits bateaux. À chacune de mes visites, je redécouvre la ville. Je longe des rues familières, je m'arrête au bord d'un canal, le Singel, puis un autre, le Prinsengracht et ma surprise est toujours aussi vive. Avec le passage des années, ce qui persiste c'est l'air de la ville, l'atmosphère unique qui y règne. Amsterdam est pour moi la ville du Nord.

À ma première visite, il y a plus de quarante ans, j'avais été happé par la brume, la lumière qui m'apparaissait absente, qui ne se présentait que tamisée. Je venais de quitter Bagdad, ma ville natale où, même en hiver, le soleil est si fort, si violent qu'il neutralise toute couleur, l'élimine. Durant les longs mois d'été, il était l'ennemi, je traversais la rue pour l'éviter, cherchant l'ombre pour m'en protéger. En dépit d'une pluie quasi constante, à Amsterdam j'ai eu l'impression d'être comblé. La couleur s'y enveloppe de mystère. Elle est discrète, pudique. Il faut l'apprivoiser, la rechercher et elle finit par nous habiter. Diverse, subtile, aux multiples nuances. Source inépuisable, infinie richesse.

Aujourd'hui, c'est Montréal qui est ma ville. J'y ai découvert la beauté du soleil, sa luminosité les lendemains de tempêtes de neige, l'indicible blancheur d'une neige encore fraîche que je sens dans tout mon corps en la foulant des pieds. Et en dépit du froid, la brise me frappe au visage avec un arrière-goût de douceur. Soleil proche, présent. Les rayons d'une chaleur lointaine, imaginaire, rendent symbolique.

À Amsterdam le soleil se montre comme dans la gêne, le retrait. On le pourchasse. La lumière perce et c'est le triomphe. J'aime cette ville où la couleur couverte d'ombre traverse la pénombre, sans masque. Fils d'un Orient au soleil éclatant, j'accueille tel un secret enfin révélé, possédé, la lumière du Nord qui n'est pas une donnée mais une conquête.

Vite, je me rends au *Rijksmuseum*. Un rendez-vous jamais manqué. Rembrandt est là. Des auto-portraits à la *Ronde de nuit*, mon étonnement est, à chaque visite, plus intense. Je reviens vers un vieil ami et il est chaque fois plus jeune. Il ne faut pas le brusquer. Et l'entretien se noue lentement, doucement. Chaque fois il me révèle une autre part du mystère. Comme un visage aimé, on ne finit jamais de le reconnaître. Rembrandt s'est regardé à l'infini, sans complaisance, dans une absence totale de narcissisme. Et puis, quel merveilleux lecteur de la Bible. Plongé dans son quartier, vivant son époque dans le quotidien, il atteint l'intemporel. Je commence à peine à l'approcher, à le connaître. Il est là, sa maison est à proximité. Sous le parapluie, je me rends chez lui, dans son foyer. Mais, de toute évidence, c'est dans ses tableaux qu'il est véritablement dans sa demeure.

Le lendemain, je retourne au musée. Frans Hals, Van Dijk et surtout Vermeer. J'avais tant admiré son amour de la maison, du foyer, d'une vie domestique et, pourtant, dans chacun de ses tableaux une fenêtre s'ouvre sur l'extérieur et c'est le monde qui nous est donné en partage. C'est dans l'intime que Vermeer saisit l'universel. Longtemps, je suis passé négligemment devant les portraits de Van Dijk. Ses bourgeois me semblaient pesants, conventionnels, satisfaits d'eux-mêmes. Ils me paraissaient trop évidents. C'est que j'étais sans doute moi-même trop pressé. Là, je m'arrête, je m'attarde. Le regard, la bouche, le nez lui-même, semblent parler. Rembrandt, l'homme de la maturité, découvre la passion qui est jeunesse et perpétuel recommencement. Van Dijk est l'homme mûr et, dans sa maturité, il a l'air désabusé, sans complaisance et cependant sans rigorisme. Il nous demande, oh, si discrètement, d'avoir de la compassion pour ces hommes et ces femmes installés dans leur espace du pouvoir et de la richesse, ressentant, malgré eux, la fragilité du destin et surtout, avec l'âge, le passage, l'éphémère.

Je reviens au quartier de Rembrandt, le quartier juif de son époque. Je visite la vieille synagogue séfarade. Fuyant l'Inquisition en Espagne et au

Portugal, les Juifs avaient trouvé refuge dans cette ville. C'est là que vécut Baruch Spinoza, ce fils de réfugiés. Célèbre-t-on encore la parole antique dans ce lieu ? demandé-je au guide. Oui, me répond-il. Le *Shabbat* et les jours des fêtes. La communauté juive d'Amsterdam fut décimée par les nazis. Non loin de là, un vestige de leur barbarie : la maison d'Anne Frank. Elle est transformée en musée. Avec son écriture d'écolière, elle décrit les lieux, sa cachette, son amour de la vie, son impossible espoir. C'est par ces escaliers que les policiers de la Gestapo étaient venus l'arracher à son enfance, l'avaient envoyée périr dans les camps d'extermination.

La pluie s'est arrêtée et, à travers les nuages, le soleil fait son apparition. « Il ne pleut pas constamment à Amsterdam, me disent mes amis hollandais. C'est un préjugé. En fait, il ne pleut pas davantage qu'à Paris ou à Londres. » J'ai envie alors de répondre : justement ! Mais il pleut aussi beaucoup à Montréal. Je ne me plains pas, car sans les nuages, Amsterdam perdrait son caractère.

Je me promène au cœur de la ville, je m'approche du port et me trouve en plein dans le quartier réservé. De grandes vitrines où des femmes exposent leurs charmes et appas. Avec les années, on dirait que le commerce du sexe s'est industrialisé. À côté de ces femmes, aux corps réels, que de *sexshops*, que de *peepshows*! Des hommes sollicitent les passants et proposent de la drogue autant que du sexe.

Je rebrousse chemin et me dirige vers le fleuve, l'Amstel. Un restaurant indonésien me réconcilie avec cette ville contradictoire. Une liberté qui s'étale sur un fond de puritanisme. C'est là qu'ont vu le jour des églises *re-réformées* dont la rigueur a donné naissance à certains intégrismes. Mais, comme par réaction, c'est aussi là que Érasme a dit la sagesse et la folie et que Descartes a pu se faire publier. C'est là aussi que Spinoza rédigea son *Éthique* et qu'il fut excommunié par sa communauté. La liberté, omniprésente, est arrachée à la rigueur, à la contrainte et c'est dans l'expression de ses excès qu'elle trouve ses limites. C'est ici que la pornographie a eu libre cours, avant de perdre son effet de fascination et de se trouver confinée aux frontières de la marginalité, en dehors de la clandestinité. Quant aux drogues, les résultats de la dépénalisation des drogues douces sont encore sujet à controverse.

Le repas indonésien me ramène à l'époque où les Pays-Bas, alors qu'ils venaient de se libérer de l'occupation allemande, étaient aux prises avec la demande d'indépendance de leur colonie, l'Indonésie. Cela semble aujourd'hui bien loin, aussi loin que l'époque où New York s'appelait New Amsterdam et où Recife, au Brésil, était une ville hollandaise.

La cuisine indonésienne est toujours aussi succulente. Je me demande combien de ces jeunes couples qui se passent joyeusement les plats dans ce restaurant savent que leurs grands-parents régnaient en maîtres dans cette contrée asiatique. Heureusement que le règne de Rembrandt et de Vermeer restera à jamais incontestable.

BAHIA, RELIGION ET MÉTISSAGE

Lors de ma première visite au Brésil en 1961, j'ai interviewé à Rio de Janeiro le célèbre romancier Jorge Amado. Nous nous sommes revus plus tard et Amado m'offrit son amitié.

— Il faut que vous visitiez Bahia.

Bahia, dont le nom officiel est Salvador de Bahia, est la ville d'Amado, son lieu natal. Il l'a célébrée, décrite, chantée. Il y avait sa maison, un fief, même s'il habitait un merveilleux appartement à Copacabana, plage de Rio.

Muni de son livre-guide *Bahia de todos o santos (Bahia de tous les saints)*, j'y suis arrivé en juillet, en plein hiver brésilien.

À l'hôtel, un message de Pedro, l'ami de Jorge. Il venait me chercher le lendemain matin. J'étais libre pour la soirée.

Au centre-ville, les rues étaient imbibées de l'odeur d'huile de palme. Des femmes longeaient des trottoirs derrière des poêles de fritures. On pouvait se nourrir à toute heure de la journée. À Rio, selon les quartiers, je me trouvais, tour à tour, en Amérique, en Afrique ou au Moyen-Orient. Ici, c'est l'Afrique qui prédomine avec des bigarrures de couleurs, des mélanges de Blancs, d'Indiens, de Noirs et de Syriens.

Pedro vint me chercher de bon matin. Tout habillé de blanc, souriant, il me donna l'accolade (*abraço*) comme si nous étions de vieilles connaissances.

— Ainsi, vous êtes l'ami de Jorge.

Tout au long de mon séjour dans cette ville, c'est devenu le mot de passe.

— Nous allons nous promener à pied, dit-il. Nous déjeunerons ensuite à la maison. J'ai invité quelques amis.

Pedro possédait l'une des grandes fortunes de la ville. Propriétaire d'une plantation de cacao, il allait, une ou deux fois par mois, dans ses terres surveiller son exploitation.

Dans la capitale, à Salvador de Bahia, il disposait de tout son temps.

Bahia est une ville de métissage. À des degrés divers, le trois quarts de la population est noire. « Aux États-Unis, il suffit d'avoir une goutte de sang noir pour être classé comme Noir, me dit Pedro. Ici, il suffit d'avoir une goutte de sang blanc pour être considéré comme un Blanc. Nous sommes, par conséquent, malgré les apparences, en majorité des Blancs. »

Nous visitâmes l'église San Francisco. À l'intérieur pas un centimètre de mur qui ne soit sculpté. Toute en bois peint de couleurs vives où prédomine le doré. Le baroque à son apogée ! On est saisi par un décor tellement chargé. Aimer ou ne pas aimer ? La question ne se pose pas, car l'admiration prend le dessus.

— Ce n'est que l'une des 365 églises de la ville, m'expliqua Pedro. Il y a une église pour chaque saint. D'où le titre du livre de Jorge.

Dans la rue, les handicapés me semblaient en nombre considérable.

— Gilberto Freyre, notre sociologue, l'a expliqué. Les Européens ont syphilisé le Brésil avant de le civiliser. Les jeunes Portugais exhibaient leur syphilis comme une marque de virilité et le grand exploit du maître était de contaminer une esclave vierge.

À midi, chez Pedro, les convives comprenaient un député, un homme d'affaires, un peintre. Dans le salon, des tableaux de Portinari, le célèbre peintre dont Jorge avait épousé la fille. D'autres tableaux, de couleurs vives, ornaient le salon, les couloirs.

— Ce sont les œuvres de ma fille Balbina, me dit Pedro.

Une fillette de neuf ans, mince, me tendit la main. C'était elle, l'artiste? Je ne pouvais cacher ma surprise.

— Vous n'êtes pas le premier à être étonné. L'an dernier, un autre ami de Jorge, Jean-Paul Sartre, nous a rendu visite en compagnie de Simone de Beauvoir. Il a dit préférer les tableaux de Balbina à ceux de Portinari. Imaginez! Je n'ai pas osé le répéter à Jorge.

Nous passâmes à table.

— Vous allez goûter la *feijoada*, notre plat national. Dans les restaurants, on vous sert des imitations. Chez moi, c'est l'authentique.

Des haricots et du poisson longtemps mijotés dans une sauce épicée. Dès que j'arrêtais de manger, on remplissait mon assiette et quand je demandais grâce :

— Vous n'aimez pas ?

J'aimais beaucoup et c'était le drame, car il fallait avoir un solide estomac pour digérer. Heureusement que nous avions commencé à midi. À cinq heures, nous étions encore à table. Je ne dînerai pas ce soir, me dis-je.

— Qui voulez-vous voir à Bahia ? me demanda Pedro.

Je faisais un reportage pour le *Nouveau Journal*.

— Si possible le gouverneur de l'État (l'équivalent d'un premier ministre provincial).

Pedro se renseigna. Le gouverneur, Juracy Magalães, rentrait d'un voyage à l'intérieur de l'État. Au Palais, nous traversions, comme par magie, les antichambres. Pedro s'avançait vers le gardien, le saluait et la voie était libre. Dans l'immense bureau du gouverneur, deux délégations attendaient, chacune dans un coin. Des hommes se donnaient l'accolade et attendaient. Le salon, décoré dans un mélange d'austérité puritaine et de baroque luxueux, avait curieusement un air français.

— *Juracy*, dit Pedro en donnant l'accolade au gouverneur, je te présente un ami de Jorge.

— Un ami de Jorge, s'écria le chef de l'État. Vous êtes chez vous ici. Si vous avez besoin de quoi que ce soit…

Je l'interrogeai sur la politique, l'avenir du pays.

— Je n'ai pas l'impression qu'il est très libéral, constatai-je en sortant.

— C'est un conservateur militant.

Et, pourtant, un ami de Jorge, le lauréat du prix Lénine, l'auteur d'un ouvrage sur le chef communiste brésilien Prestes : *Le Chevalier de l'espérance*. Il est vrai qu'Amado ne militait plus, même s'il n'avait point renié ses convictions d'homme de gauche...

— À Bahia, Jorge, un enfant du pays, est un prince. Au Brésil, les solidarités familiales, les complicités d'amitié traversent les frontières des idéologies et des appartenances politiques.

La soirée me réservait une plus grande surprise. Quand j'avais exprimé le désir d'assister à une *macumba*, Amado m'avait donné l'adresse d'un autre de ses amis, Roberto.

— Vous tombez bien, me dit celui-ci. Il y a une cérémonie demain soir. On viendra vous chercher vers neuf heures.

La voiture s'était arrêtée sur un chemin de terre battue. Nous étions quatre. Prudence, timidité ou gêne, nous ne nous sommes pas adressé la parole. Le chauffeur nous guida à travers un sentier vers un édifice modeste qui ressemblait à une église de campagne. À l'intérieur, des croix, une statue de saint Georges. Des hommes et des femmes, des Noirs, habillés en blanc. La cérémonie avait commencé. Les saints catholiques servaient de masques, de couvertures à des divinités africaines. L'Église catholique du Brésil interdit toute pratique de *macumba*. En vain. Le syncrétisme tant redouté persiste et fleurit. Je regrettais de ne pas comprendre la cérémonie. Les explications parcimonieuses de mon voisin entamaient à peine mon ignorance. Rituel ponctué de chants, de musique. Un air d'une samba réduite à sa plus simple expression. Des hommes et des femmes sortaient, entraient. Entourée de deux grosses femmes, une jeune fille fit son apparition. Elle fit des pas de danse au rythme de la musique entêtante, monotone. Et, petit à petit, ses mouvements ne correspondaient plus au rythme, perdaient leur cohérence. Elle se tortillait, comme si elle cherchait à se libérer d'un mal, d'un mauvais esprit, roulait par terre, se relevait, reprenait la danse. Elle était en transe, la bouche ouverte, les yeux fermés. La musique continuait, les deux exécutants sonnaient des cloches, imperturbables. Se tordant par terre, son corps ne lui obéissait plus. Elle était inerte. Deux hommes vinrent la chercher, la conduisant, haletante, dans une chambre voisine. Cloches et cymbales continuaient leur rythme monotone.

J'ai attendu plus de deux heures avant qu'une autre jeune fille ne fasse son entrée en scène. L'exaspérante monotonie des sons était une invite hypnotique à entrer dans le jeu. Cela n'avait pas d'effet sur moi et après la seconde transe, je commençais à consulter ma montre. Deux heures du matin. Roberto m'avait prévenu : la cérémonie durait toute la nuit. Je regardais mes compagnons de voyage. Deux parmi eux semblaient aussi gagnés par l'ennui que moi. Somnolents, nous nous levâmes.

J'ai subi d'autres sortilèges bahianais. Le brouhaha de la rue, l'odeur de l'huile de palme, l'intense activité se déroulant dans une atmosphère de nonchalance, et le spectacle de la longue patience, de l'immense courage d'hommes et de femmes dont la pauvreté extrême n'atteint point la dignité. Sinon, ce serait la révolte, la violence. Dans un marché, on me pointa du doigt : *gringo*. Américain. L'hostilité s'exprimait dans le sourire, mais la bonhomie masquait mal l'irritation. J'ai vite quitté le marché pour retrouver la mer et la brise du soir.

LIMA,
RICHESSE
DU PASSÉ

J'ai connu Antonio lors d'un débat sur l'Amérique latine alors qu'il était étudiant de philosophie à l'Université de Toronto. Avant de quitter le Canada pour aller poursuivre ses études en Allemagne, il était venu me rendre visite à Montréal. Il me parlait du Pérou, de Lima, de la politique et déplorait mon ignorance de la richesse culturelle de son pays. Essayant de combler cette lacune, je m'étais mis à la lecture des écrivains latino-américains. Les romans de Vargas Llosa, d'Arguedas, d'Echenoz me firent pénétrer la réalité historique et politique du Pérou. Et quand, en 1975, je suis arrivé à Lima, j'avais l'impression de revenir à un lieu de connaissance.

Antonio avait, entre-temps, épousé une Allemande et était devenu père de trois enfants et professeur de philosophie à l'Université San Marcos à Lima. Il est venu me chercher à mon hôtel et nous sommes partis en exploration. La Cathédrale, la Maison verte, le quartier Miradores. Nous suivions un itinéraire dressé par les livres de Vargas Llosa.

Admirateur de cet écrivain, Antonio me décrivait ces lieux. C'est ici à Miradores que les enfants de la bourgeoisie se rencontraient. Là c'est la Maison verte, le lieu de plaisir. Dans les romans sud-américains, le bordel n'est pas un lieu de corruption et de décadence. C'est l'endroit où le plaisir n'est pas interdit, où il s'exprime, se déploie, librement.

Un ciel gris, une brise humide. J'avais la sensation qu'une pluie invisible qui ne tombait pas du ciel nous cernait de toute part, nous pénétrait. Toute protection, parapluie ou imperméable, était inutile.

— Je ne donne pas de cours cette semaine, me dit Antonio. Il y a une grève. Allons quand même à mon bureau.

À l'université, partout sur les murs, des slogans révolutionnaires. Appels à la justice, à la révolution, à la fin de la corruption. Sur un pan de mur, les slogans n'étaient pas rédigés en espagnol.

— C'est en quechua, m'expliqua Antonio. C'est la langue de la moitié de la population et un quart de la population ne parle que cette langue.

C'est que la majorité des Péruviens ont une origine indienne. Antonio lui-même a une tête d'Indien.

— Ma famille se targue d'être d'origine espagnole même si le métissage est inscrit sur notre visage. On revendique l'enseignement de la langue indienne et on vient de lui octroyer un droit d'entrée à l'université. Nous agissons encore comme si nous étions des conquistadors, que nous venions d'envahir le pays.

Antonio enseignait la philosophie médiévale, mais aussi Kant et Hegel.

— On dirait que nous vivons toujours dans une Europe mythique, imaginaire.

— Tu crois que les Indiens pourraient accéder au pouvoir par un retour au passé ?

Je cherchais, inconsciemment, à le provoquer.

— Mais ce n'est pas le passé. Pour ceux qui parlent le quechua c'est le présent et, surtout, l'avenir. Il y a, bien sûr, des mots galvaudés : la dignité, le respect de soi...

Le lendemain matin, il me conduisit à une plage, à proximité de la ville. Un site archéologique.

— Les Espagnols ont conquis un pays qui avait une véritable civilisation. On en voit les vestiges partout et, dans un sens, elle est vivante en dépit des siècles de persécution, d'oppression, d'une entreprise d'élimination.

Au retour, nous nous sommes arrêtés au musée d'art populaire, connu surtout pour les aiguières en terre cuite dont le bout est toujours un sexe masculin.

— Les Indiens n'avaient pas peur d'exposer le corps humain, dit Antonio en riant. Les touristes se précipitent dans ce temple de l'érotisme...

— C'est plutôt drôle.

Je n'osais pas ajouter que je n'étais point impressionné par la beauté des objets exposés.

L'après-midi. Un autre musée. Unique. Celui de l'Inquisition. On sait que nombreux étaient les marranes, les Juifs et les musulmans qui pratiquaient leur religion en secret, qui s'étaient réfugiés dans les rangs des troupes des conquistadors. L'Inquisition qui sévissait en Espagne s'était étendue aux colonies, au Pérou, au Brésil. Dans ce musée, on passe d'un instrument de torture aux cellules où périssaient les hérétiques. Sur les murs, des graffitis qui, encore aujourd'hui, rappellent la souffrance que des hommes ont fait subir à d'autres hommes en raison de leurs croyances, leurs opinions. On mesure le prix de la liberté.

Des documents étalent les aveux que l'on extorquait, que l'on arrachait et les repentirs, les auto-humiliations. J'avais l'impression de lire des récits de Soljenitsyne sur les méthodes soviétiques. Mêmes tortures, mêmes aveux et autocritiques. Les dispositifs ont fait leurs preuves, des siècles durant.

Je rentrais à mon hôtel, épuisé. Le soir, je souhaitais sentir, seul, la ville, ses rues, ses murs, sans programme, sans explication. Non loin de mon hôtel, la grande place. La pluie invisible me collait toujours à la peau et la nuit se prolongeait. Je m'arrêtais devant les étals. Des marchands de babioles exposaient leurs articles par terre. Voici des livres. Des manuels de mécanique à côté des romans d'Arguedas et, présence ironique du Québec, un livre du docteur Gendron sur la sexualité. Des fritures emplissaient l'air. La ville est là, vibrante. Je faisais plusieurs fois le tour de la place avant de regagner ma chambre.

Je passais la matinée avec un critique littéraire qui me conseillais de visiter Machu Picchu, la ville indienne fortifiée, construite sous l'œil des Espagnols sans qu'ils s'en eussent aperçu.

— Vous découvrirez le raffinement d'une civilisation qui refusait de mourir.

En bas, Cuzco, ville indienne dont on a gardé les temples en les transformant en églises. Les bergers indiens y poursuivaient leur existence séculaire. Sous tous les empires, la même misère, la même disette.

Au début de la soirée, Antonio, accompagné de sa femme Margund, est venu me chercher dans sa coccinelle Volkswagen. Il cherchait longtemps une place pour stationner. J'aperçus un espace sous les arbres :

— C'est trop noir ici. Trop loin des regards. Au retour, je risque de trouver ma voiture sans pneus.

Le dancing se trouvait au dernier étage d'un édifice à bureaux. De jeunes couples, des provinciaux de passage, des petits bourgeois endimanchés de Lima dansaient la *marinera*, une valse-samba qui, curieusement, n'avait pas traversé la frontière du pays. Cependant, la majorité des hommes et des femmes attablés étaient venus écouter la vedette de la soirée, la grande dame du Pérou : Ima Sumac. Sa voix pouvait emprunter toutes les inflexions, tous les tons, du chant de l'hirondelle au *bel canto*. Une artiste mais aussi une curiosité.

— Elle a bien vieilli, me dit Antonio. Ici, chez elle, elle a conservé ses fidèles. On l'écoute par nostalgie mais aussi dans un sentiment de loyauté.

Sous les yeux surpris des jeunes, des hommes d'âge mûr hurlaient leur enthousiasme.

— Étrange pays, dit Margund, où les archaïsmes persistent sous des apparences de modernisme. On parle de révolution et on ne sait pas s'il s'agit d'un appel de retour au passé, d'une régression ou d'une tentative de s'adapter à l'âge industriel sans disparaître dans l'anonymat. On se demande ce qui conviendrait le mieux à la population, ce qui allégerait sa misère, un retour à un temps révolu ou un saut dans l'incertitude ?

ADÉLAÏDE, LA VOISINE DU BOUT DU MONDE

Avril. Trente degrés à l'ombre. Adélaïde était en branle. C'était le Festival des Arts que l'Australie tient tous les deux ans. Musiciens, chanteurs, comédiens de nombreux pays étaient là, en nombre. C'était aussi la Semaine des Écrivains dont j'étais l'invité. Profitant de l'occasion, le Conseil des Arts de l'Australie m'avait convié à la réunion annuelle qu'il tenait dans cette ville.

Semaine faste. Les séances, lectures publiques, débats se tenaient sous une vaste tente le matin et l'après-midi. Sous le soleil ardent, la chaleur était suffocante. À l'extérieur de la tente, la brise animait pour nous cette ville tranquille et sage qui s'étendait au bord du fleuve.

— Adélaïde, me dit avec fierté un journaliste qui y était né, était une ville fermée aux bagnards.

Depuis mon arrivée en Australie, de Sydney à Melbourne, le rappel des bagnards, des *convicts*, revenait souvent dans la conversation. Tel édifice était construit par ces prisonniers, tel hangar les avait abrités, telle gare était, pour eux, lieu de passage ou d'arrêt. Les rapports de l'Australie avec la mère patrie britannique sont on ne peut plus ambigus. L'Empire expédiait ses délinquants dans cette lointaine colonie de peuplement. Des voleurs ? Des tueurs ? Sans doute. Cependant, les descendants de ces exilés involontaires ne reconnaissaient comme ancêtres que des rebelles, surtout irlandais, qui récusaient le règne d'une classe dominante anglaise. C'est que l'Australie est aussi irlandaise que le Canada est écossais.

Un après-midi, le débat avait pour thème l'édition. Parmi les invités, des éditeurs londoniens et des agents littéraires new-yorkais. Contrairement aux écrivains anglo-canadiens, ceux de l'Australie accueillent avec enthousiasme la présence des éditeurs britanniques et américains sur leur territoire. Un éditeur australien se leva pour se plaindre d'être marginalisé dans son propre pays. On l'accusa de prêcher un nationalisme étroit. Il me demanda d'expliquer la politique canadienne qui protège ses éditeurs contre la mainmise étrangère. En dépit de quelques applaudissements, j'étais, à mon tour, rangé parmi les nationalistes frileux.

Le soir, c'était la première d'un opéra basé sur un roman du Prix Nobel australien Patrick White. L'auteur du livret : le romancier David Maalouf. Le thème : les immigrants et leur appropriation du sol. Je me sentais en pays de connaissance. Le lendemain, réunion du comité littéraire du Conseil des Arts. Territoire familier. Le directeur, le poète Shadcolt, était le collègue qui administrait avec moi, côté australien, le prix Canada–Australie. Parmi les membres, un jeune romancier d'origine grecque, la romancière Helen Garner et le romancier Thomas

Kenealy, l'auteur de *La Liste de Schindler*. Il me raconta son séjour en Israël. D'ascendance irlandaise, Kenealy était très connu comme auteur de romans historiques. *La Liste de Schindler* l'avait plongé dans une brûlante actualité. « Heureusement, me confia-t-il, le romancier n'est pas un simple fabricant d'histoires et de récits. On ne sort pas indemne quand on touche au monde de l'horreur, même s'il s'agit du passé. On ne peut pas se tenir au seuil. »

Helen Garner faisait des efforts pour me parler en français. Elle avait été mariée à un Français et avait vécu à Paris.

— À son arrivée à Melbourne, mon mari se sentait perdu, totalement isolé. Nous avons fini par nous séparer.

Dans ses romans, Helen décrit un Melbourne aux prises avec des contradictions présentes dans toutes les métropoles de l'Occident industrialisé. Familles disloquées, chômage, marginalisation des jeunes. Cette ville, où j'ai passé quelques jours, me rappela, à plus d'un titre, Montréal. Les noms des rues d'abord. Peel, Metcalfe, les marques d'une administration britannique et, surtout, la présence de multiples communautés culturelles. Est-ce en raison de ce parallélisme que j'ai ressenti si douloureusement le besoin de parler en français ?

Parmi les écrivains invités à Adélaïde, j'ai retrouvé les Canadiens Timothy Findley et Josef Škvoreckỳ. En Australie, les Canadiens sont des cousins. Ni envie ni condescendance. Deux branches de l'arbre britannique. Les deux pays avaient, s'ils n'ont pas encore, avec la mère patrie, des rapports conflictuels, contradictoires de fidélité, de loyauté, de fierté mais aussi de dépit, de ressentiment d'appartenir à des peuples marginalisés. Écossais ou Irlandais, ils sont irrités d'être regardés de haut, quand ils ne sont pas méprisés, par la métropole impériale. Pour les Canadiens, Londres est aujourd'hui lointain et amical et c'est à New York que l'on se rend, c'est cette ville que l'on redoute. Isolés, se sentant perdus dans l'océan, cernés de toutes parts par l'Asie, les Australiens avaient fermé leur porte à leurs voisins, protégeant jalousement leur territoire.

À la fin de mon discours, un homme s'avança vers moi :

— Vous êtes né à Bagdad, c'était indiqué dans le programme du Festival. Moi aussi.

Avocat à Melbourne, il voulait se présenter aux élections provinciales. Il était arrivé à l'époque où l'on voulait garder l'Australie *white*. Il a dû plaider longtemps pour ne pas être classé comme asiatique.

— Je suis né à Sydney, me dit l'écrivain d'origine grecque, et l'on continue à me confiner au ghetto ethnique. Dans certaines de mes nouvelles, j'évoque, certes, la communauté de mes parents. Mais, moi, je suis Australien et ma langue est l'anglais.

En fait, personne ne se tromperait sur son accent australien. Cependant, se voulant tolérante et généreuse, la politique culturelle du pays fait une place aux communautés culturelles en les isolant. « À trop vouloir respecter la différence, me dit-il, on oublie ce qui ressemble et rassemble. »

Alain Robbe-Grillet était parmi les invités du Festival. On l'interrogeait surtout sur Derrida et la déconstruction. Pour les jeunes, *le nouveau roman* appartenait à l'histoire.

En quittant la tente, je traversai la rue et me trouvai devant un imposant édifice. Enseigne quasi discrète : Casino. À l'intérieur, l'air climatisé me fit oublier le lieu, le continent. Curieux sentiment de se trouver aux antipodes, de faire le tour de la Terre et de se retrouver dans un même espace. Ici, Asiatiques et Européens sont des voisins, ont le même regard concentré, attentif, le même visage tendu, la même attente.

Le dimanche nous fûmes invités à une *winery*. Un car nous fit traverser une campagne verdoyante. Déjeuner en plein air, abondamment arrosé par un vin blanc, fierté de la région. Des immigrants allemands avaient mis sur pied l'industrie vinicole du pays. Le vin aidant, les langues se délièrent. Le temps était vaincu et les écrivains n'avaient qu'une envie, vivre le moment dans toute son intensité. L'Australie nous apparut alors comme un pays voisin, proche, comme si nous avions fait le tour du monde pour découvrir et prendre acte de nos rêves communs et de notre semblable attente.

LE MONDE
DANS MA RUE

Faut-il faire le tour du monde pour aller à la rencontre de l'Autre ? Et d'abord qui est l'Autre ? On a abondamment débattu ces dernières années et encore davantage ces derniers mois de la diversité des cultures, de la pluralité et de la différence.

Au cours de mes pérégrinations, j'ai eu la chance de connaître ces personnes qui vivaient sans contrainte et sans l'ombre d'une contradiction et la diversité et la différence et qui découvraient l'unicité dans le composite. Souvent, le réel semblait nier les élaborations théoriques. Il n'en demeure pas moins que cerner le réel est une tâche ardue.

En ce début d'été, aux premières soirées chaudes et lumineuses, je me promène, dans le quartier que j'habite, longeant le boulevard Saint-Laurent. Entre Milton et l'avenue des Pins j'ai l'impression que la ville entière s'est donné rendez-vous. Libérés du poids d'un hiver long, interminable, des hommes et des femmes se découvrent, offrant bras et cuisses à la douce brise, saluant le retour, accueillant le renouveau et rêvant d'insouciance.

Qui sont-ils, ces garçons et ces filles ? Des jeunes qui, ne fût-ce que momentanément, oubliaient que l'avenir n'est pas toujours porteur de promesses, et auxquels ces premières nuits chaudes de l'été donnent la conviction que le corps irradie un sentiment de liberté et une vision de beauté.

Que cherchent ces dizaines de jeunes et, parfois de moins jeunes, qui s'agglomèrent dans les restaurants et les cafés, et d'abord, qui sont-ils ? Je me surprends en train de scruter les visages. Des hommes et des femmes qui parlent français mais aussi toutes les langues. J'ai même cru entendre l'anglais !

Des minorités visibles. Quel soulagement de constater que nous appartenons tous, à un moment ou l'autre de notre vie, à une minorité visible. Je n'oublierai jamais la soirée passée à un théâtre, à Cheng Du, en Chine. Nous étions deux Canadiens, des Blancs. Les yeux se braquaient sur nous et, comme par pudeur ou malaise, vite se détournaient. Cependant, les enfants, moins conscients sans doute des règles de la bienséance, nous pointaient du doigt et riaient, riaient ! Je me demande aujourd'hui s'il ne faut pas souhaiter que nous appartenions tous, tout le temps, à des minorités visibles afin de ne pas disparaître dans l'anonymat.

Je reviens à l'été et à Montréal. Qu'est-ce qui nous rassemble en cette soirée chaude ? La rue. Le bonheur de la rue. À mon arrivée à Montréal, voici plus de quarante ans, le boulevard Saint-Laurent était en pleine décrépitude, un lieu de passage, où l'on voyait, à côté des magasins de « marchandises sèches », des manufactures de vêtements, des restaurants juifs, et à l'angle de la rue Duluth, le bureau et l'imprimerie du quotidien yiddish, *Canader Adler*. Il y avait aussi des taudis ou de futurs taudis.

La voilà cette rue qui reprend sa place au centre de la cité comme si la ville, divisée, vivant obstinément dans ses retranchements, cherchait à redécouvrir un axe pour se retrouver et s'assembler. Je ne me pose pas de questions sur ces bars qui s'ouvrent et se ferment aussi inopinément, sur les dessous du commerce et des affaires. Je passe à côté des lieux discrets, semi-cachés où des jeunes vivent la nuit. Ce qui me fascine c'est la foule bigarrée qui se côtoie sans se bousculer, se regarde sans s'agresser. On passe son chemin sans regret mais aussi sans attente.

Voici la ville. Ses habitants viennent de tous les coins, tentent d'affirmer silencieusement qu'ils vivent dans une même cité alors que, passant leur chemin, ils s'ignorent et ne s'adressent ni parole ni sourire. Où logent les origines et où se déploie la différence ? Elles s'entrecroisent, s'abordent et ne s'affrontent pas. Sommes-nous en train de vivre, inconsciemment, une expérience rare ? Une harmonie encore muette dont on n'aperçoit pas l'émergence ?

On assiste au spectacle de foules semblables dans des rues piétonnières et les lieux touristiques de Francfort et de Londres. Sauf qu'ici, ce soir, nous ne sommes pas des touristes. Certes, ceux-ci ne tarderont pas à venir au cours des semaines prochaines, et sous le prétexte d'assister à tel festival ou tel événement, ils diront eux aussi la ville.

Ce soir, nous ne sommes pas des touristes. Nous sommes les habitants de cette ville et, peut-être aussi, ses bâtisseurs. Je me mets à rêver. Dans ma ville la différence n'est pas une barrière mais une voie d'accès, une porte ouverte, un atout. Nous venons, chacun de nous, avec des richesses que nous offrons en partage. Y a-t-il besoin de parler de pluralisme puisque nous le vivons, en éprouvons quotidiennement les hauts et les bas ? Et si nous nous mettions à ignorer les cloisons, à nous saluer les uns et les autres, à affirmer notre présence en ce lieu ? En quelle langue saluerais-je ? Ici on s'exprime dans tous les idiomes mais dans lequel nous aborderions-nous ? Moi j'ai choisi le mien, le français. Et si les autres se mettaient à parler cette langue en plus de la leur ? Encore un petit effort et nous l'aurons notre ville, que nous présenterons comme exemple au monde. Oui, nous sommes multiples, et si nous commencions à nous parler ? Pas encore les grands entretiens et les dialogues nourris, mais un salut, une parole rare et précieuse et nous commencerons par aimer notre ville parce que nous aurons appris à nous aimer.

Je regarde à nouveau la rue. Des survivances du passé à côté de nouveaux magasins. L'architecture n'est pas passée souvent par là. Cette rue rafistolée n'est pas d'une beauté évidente. Il y a encore du travail à faire. Mais ce soir nous sommes là à nous regarder et à saluer l'été. Il sera toujours temps, demain peut-être, de mettre la main à la pâte.

REGARDS
SUR LE
XXᵉ SIÈCLE

Quand j'ai commencé à réfléchir sur ce siècle, deux souvenirs, inscrits dans ma mémoire, ont surgi. Enfant, j'ai commencé à lire à la lumière d'une lampe à pétrole. Il y a quelques années, et c'est l'autre souvenir, je me suis mis à la lecture d'*À la recherche du temps perdu*. Deux faits disparates ? Non. D'abord, cela me permet de mesurer le chemin parcouru. Ainsi, j'ai vécu, en l'éprouvant, la naissance de l'électricité. Aujourd'hui, je me demande comment j'ai pu me passer pendant tant d'années de l'ordinateur. Et c'est Proust qui vient à ma rescousse, qui me rappelle à l'ordre et me ramène à la réalité. Les amours de Swann, les émois d'Albertine, les dîners chez les Verdurin et chez les Guermante traversent le siècle, et le réel d'hier est toujours perpétuellement vrai.

Ce siècle a débuté, en France, avec l'Affaire Dreyfus. Ailleurs, au Moyen-Orient, en Inde, voient le jour, dans un silence quasi total, les premiers écrits d'émancipation, de renaissance. Les pays coloniaux sont imbus de leur bonne conscience. La civilisation occidentale est à son apogée. La science, la puissance économique et militaire ouvrent, à quelques pays, les portes de la conquête du monde. Puis, les événements se précipitent. La guerre, la dépression, et à nouveau la guerre. Des peuples, colonisés, en décadence, redécouvrent, en même temps que les promesses de la science et de la technologie, la réalité de leur passé, leur appartenance à une culture, à une civilisation qui sont ignorées, car elles plongent dans la léthargie, impuissantes, car elles s'appuient sur un archaïsme. Du même coup et en même temps, les cultures dominantes ne parviennent plus à affirmer leur règne et les cultures antiques sonnent le réveil.

Je reviens au début du siècle. La guerre. L'Occident s'est réveillé et il a senti que la civilisation qu'il avait construite était mortelle. Il s'est ressaisi, a ramassé les morceaux. L'âge de l'idéologie faisait son entrée, succédant à la religion du progrès. Il y avait « cette lumière qui venait de l'Est », pour reprendre le titre d'un célèbre roman. Retour au religieux ? Certes, mais sous les habits d'un refus de tout au-delà. À ce messianisme, les voix de l'enfer retentirent en réplique. L'Europe, l'Occident, allaient, à nouveau, plonger dans l'abîme, atteindre le seuil du suicide.

On peut à peine croire que le règne d'Hitler n'a duré que douze ans. Cela a suffi, cependant, pour plonger le monde dans l'horreur. Qui eût pu prédire que l'un des pays apparemment les plus civilisés, où la science, la philosophie, la musique et la littérature avaient atteint des sommets, pouvait inventer les mécanismes les plus perfectionnés d'une barbarie inimaginable jusque-là. De plus, le nazisme a pratiquement mis un point d'arrêt à toute expression

littéraire et artistique véritable. Il a surtout ébranlé,
quand il ne l'a pas détruite, la foi de l'homme en
l'homme. Au sortir de l'abîme, il y eut des Heinrich
Böll, des Günter Grass pour nous rappeler que ce
même pays était aussi celui de Goethe. Il ne restait
plus que la parole, cette lueur fragile, quasi éteinte,
qui pouvait sauver une part de l'humain et, in extre-
mis, protéger l'Occident du suicide.

Le siècle avait débuté dans la confiance en les
miracles de la science. Et voici qu'en quelques
secondes, une bombe effaçait ou presque une ville et
ses habitants. Ce n'était plus une civilisation qu'on
allait détruire. On savait qu'on possédait désormais la
capacité de détruire l'humanité tout entière. Du
coup, la science, jusque-là promesse de libération des
servitudes de la nature, révélait ses dimensions
maléfiques. Il n'était pas question de retourner en
arrière, de régresser à un âge idyllique qui n'avait,
d'ailleurs, jamais existé, mais de tenter de juguler les
forces qu'on avait déchaînées et de reprendre en
main une part du destin de l'homme. La science a
poursuivi sa marche et les hommes, en quête de
progrès, en suivaient les étapes. Des problèmes surgissaient, s'accumulaient. D'où le besoin de retrouver
un certain ordre. Des voix se sont élevées pour réclamer une discipline et, plus encore, une éthique.

On est revenu à la littérature. Nous savons que
la parole de l'écrivain, quand elle s'écarte de
l'éthique, perd sa qualité de parole. Un homme ou
une femme qui écrivent pour semer la haine ou pour
lancer un appel au meurtre ne peuvent pas appartenir
à la littérature. D'où l'impérieux besoin de la présence de l'écrivain dans la cité, afin que la parole ne

soit pas dévalorisée, ne perde pas son poids, pour que cette parole soit à la fois démonstration et rappel de l'éthique.

Les années de tourmente passées, l'Occident a-t-il trop vite, ensuite, crié victoire ? Cette lumière venue de l'Est apparaissait désormais opaque, mais on était encore trop ébloui pour s'en apercevoir. Puis deux générations passent, vivent ou survivent, et c'est l'effondrement. C'est la fin des idéologies. L'a-t-on annoncé trop vite, trop précipitamment ? Le ciel s'assombrit. Des voix qu'on a cru éteintes se lèvent à nouveau. On a longtemps réclamé le droit à la différence. On s'est aperçu que celle-ci, une fois proclamée, peut devenir meurtrière. La liberté de parole enfin conquise peut aussi laisser retentir les cris de haine, les appels au meurtre. S'était-on encore une fois trompé ? Avait-on de nouveau cru au rêve ? Or, celui-ci n'indiquait pas la route de l'espoir. Les vannes de la violence et de la mort sont, encore une fois, grandes ouvertes. On a changé de vocabulaire, mais la volonté de destruction est toujours aussi virulente, aussi meurtrière. On brandit les étendards de la religion, de la langue, de la culture, mais c'est pour étouffer, assommer, interdire celles du prochain, de l'autre.

Où se terrent les poètes qui chantaient les lendemains heureux ? La voix des écrivains est devenue lointaine, un murmure. Et les prisons n'ont même pas changé de gardiens. On n'a finalement assisté qu'à un changement de mots d'ordre.

On se demande alors que valent, dans ces conditions et dans de telles circonstances, les mots de l'écrivain. Existe-t-il encore une humanité pour réclamer, pour écouter les mots de l'intime ? La littérature est-elle démunie, impuissante, face à la barbarie ? On regarde ailleurs et l'on constate que là encore, sous couvert de liberté, on la réduit à l'anodin, au divertissement, à l'anonymat. Et pourtant, elle persiste. Des voix s'élèvent, plus nombreuses, et hurlent, désespérant de se faire entendre. La barbarie s'appesantit et elle triomphe quand elle réussit à les faire taire.

Le pire ennemi de l'écrivain, dans les moments où il se sent envahi par le sombre, c'est la perte de foi en la littérature. Dans sa résistance, il ne lui reste que cette voix dont on cherche à le déposséder, et alors, la question lancinante, tue, refoulée, fait surface : À quoi bon ? La tentation est grande d'abandonner, de se départir du désir, de se résigner. Quelques-uns se mettent même à crier avec les loups. D'autres se dégradent en amuseurs des puissants, des maîtres. Certains se terrent dans l'attente. Leur voix est réduite au chuchotement.

Chacun de nous, à des moments de découragement, peut aussi se demander : À quoi bon ? Puisque notre voix ne porte pas et que nos paroles demeurent sans conséquence. C'est alors que nous devons nous pénétrer de la conviction que nos mots peuvent aussi devenir armes de combat dans la mesure où ils demeurent mémoire, rappel et quête de sens. La littérature apparaît alors puissante de son apparente fragilité.

Revenons, à nouveau, au siècle. Quelle fut la place de la littérature dans cette traversée du siècle ? Quel rapport a-t-elle eu avec les mouvements de la société ? Quel rôle a-t-elle joué dans la politique ? L'amorce d'une réponse soulève une autre question.

Quelles œuvres ont marqué ce siècle, œuvres qui
restent et qui persistent ? Pour moi, deux romans
s'imposent : *Ulysse* et *À la recherche du temps perdu*.
Leur qualité première est d'avoir affirmé, en en
donnant la démonstration et l'illustration, l'autonomie de la littérature. Autonomie qui permet à l'écrivain, en toute liberté, de s'engager dans l'entreprise
hasardeuse, ardue, incertaine, de saisir la réalité, au-
delà de l'événement, de capter les mouvements de
l'âme et de l'esprit au-delà des apparences des gestes
et du comportement. Cette littérature est celle qui
plonge le plus profondément dans le siècle, le réel,
l'événement. Ni Proust ni Joyce n'étaient d'abord
partis à la recherche d'un style, d'une écriture. L'autonomie de la littérature n'a de raison d'être que si
elle est poursuite et quête de sens, plongée dans le
réel.

Isolés, marginaux, ces deux écrivains ne s'étaient
pas posé la question : À quoi bon ? Pour quoi faire ?
D'autres l'ont fait pour eux. Des écrivains qui ne
cherchaient pas des réponses, ils les avaient ou
croyaient les avoir. Ils les donnaient. Ils étaient foule,
représentaient le nombre. Pour eux, pour que la
littérature existe, il importait qu'elle fût utile, effi-
cace et qu'elle se mît au service de la société, du
groupe, du pays. Où est la règle ? Nous pouvons,
certes, condamner toute littérature qui se veut action.
Elle renierait sa propre nature, s'inscrirait dans
l'éphémère. Ce n'est pas si simple. Bien sûr, tout
écrivain est susceptible de se tromper et de confondre
l'apparence avec le réel, même quand il ne suit aucun
mot d'ordre, même s'il n'obéit qu'à sa sensibilité et à
son raisonnement et qu'il avance dans l'incertitude

et le risque. S'il manque de vision ou tout simplement de talent, il fera un bout de chemin et sera assez vite oublié.

Sensible au réel, à l'humanité qui l'entoure, l'écrivain peut ressentir le présent comme urgence, il se sent investi d'une responsabilité envers les autres. Il se bat. On ne saura qu'après coup s'il s'était laissé dominer par l'événement ou s'il a réussi à en faire ressortir l'évidence ainsi que le besoin d'en infléchir le cours. Pressentant l'événement, il le prépare et, au besoin, le suscite. Il est l'éveilleur. Il crée, donne naissance. Une société change, a besoin de muter? Il est là pour définir, dire, décrire et indiquer la voie. Puis chanter. Voici une humanité qui s'ébranle. Il en accompagne le mouvement. Sa présence est nécessaire, car il est désormais utile. Il prête sa voix à la force en marche, au pouvoir qui se forme, se constitue. Il se laisse emporter par le mouvement, porter par la vague. S'il ne prend pas garde, sans s'en rendre compte, on lui dira qu'il est de service. Bientôt, on lui demandera de bien se tenir, de ne pas quitter le rang, d'obéir. Il est utile. On le lui rappelle. Il n'est plus qu'un instrument, un rouage. Il ne faut surtout pas qu'il s'égare, qu'il aille seul son chemin, car, alors, il peut nuire.

Militant, il se voit incorporé dans une milice. Son autonomie? Sa liberté? Ce n'est plus, ce n'est pas encore le moment. Il faut serrer les rangs, car l'ennemi est partout qui séduit, qui attire et qui, le moment venu, frappera. Ce n'est ni l'heure ni le lieu pour les faibles, les hésitants, car il est si facile de passer de l'autre côté, de trahir.

On connaît bien le scénario. L'écrivain lutte pour la liberté, afin qu'il puisse dire le malheur et l'incertitude, le désir et la joie, il se bat contre le pouvoir et voici qu'un autre pouvoir s'installe, qui l'incorpore et l'embrigade. Oui, bien sûr, des écrivains ont lutté pour la liberté au prix de la leur, se sont battus pour la vie en risquant la leur. Mais tant d'autres qu'on veut oublier, qu'on souhaite passer sous silence, se sont alignés, ont suivi le mouvement pour se trouver au bout du compte au service de l'oppression.

Dans les pays où il jouit d'une entière liberté d'expression, l'écrivain, pour peu qu'il ne suive pas les normes, qu'il ne réponde pas aux attentes du marché, se trouve condamné à la marginalité. Et si, en plus, il quitte les sentiers battus, qu'il innove, il risque de ne susciter que le silence. Et même quand il trouve un éditeur — ce qui n'est point assuré — son livre peut tomber dans l'indifférence. Le mutisme des médias l'écarte d'un probable, d'un possible public qui, assourdi par le fracas des promoteurs de divertissement, ne s'aperçoit même pas de son existence.

L'écrivain se demande alors ce que veut le public. On le gave d'images et de sons et cela rend toute parole inaudible. Ce sont pourtant, très souvent, de tels écrivains qui, en dépit d'une longue période de marginalité, perçoivent le réel et l'expriment. Ils furent les premiers qui, dans les sociétés où la croissance économique et l'enrichissement individuel ne semblaient pas avoir de limites, avaient dit que les règles de comportement devenaient aléatoires. Du coup, la présence de l'écrivain, son regard, devenaient nécessaires, indispensables.

Alors que les traditions et les religions ne fournissaient plus les codes que l'on acceptait tacitement, l'individu se trouvait face à lui-même, solitaire, sans guide et sans direction. Le monde du divertissement, celui aussi de la publicité, lui promettaient un univers où son désir ne se heurterait à aucune borne, à nul obstacle. Son fantasme se transformerait, dès lors, en projet. On s'aperçut alors que le réel se trouvait face à sa propre insuffisance. Quand elle n'était pas une dimension de l'amour, la sexualité libérée débouchait sur le fantasme qui, une fois réalisé, cédait la place à un autre fantasme. L'acquisition d'objets n'éliminait point le sentiment que toute possession est illusoire et, de toute façon, éphémère. L'imaginaire lui-même se trouvait piégé par les images, les rêves que l'on monnayait et qui par leur répétition, leur multipli-cation, tombaient dans la redondance.

Ainsi le réel reste-t-il insuffisant tant que l'écrivain n'en fait pas le récit et ne s'emploie pas à lui octroyer le poids d'une substance et la dimension d'un sens.

Quand j'ai commencé à écrire, je voulais parler aux hommes et aux femmes qui m'entouraient, de notre vie et de nos attentes. J'écrivais dans une langue peu traduite dans un pays où l'immense majo-rité de la population ne savait pas lire. J'ai changé de langue et de pays et je continue à écrire pour parler aux hommes et aux femmes qui m'entourent de notre vie et de nos attentes. Pour moi, il n'y a pas eu et il n'y a pas de grande et de petite littérature. Souvent, j'ai cru lire l'histoire de ma vie dans des récits qui se déroulaient dans de lointaines contrées. Un écrivain était là qui me parlait, qui s'adressait à moi, en per-sonne. Cette intimité est certes transmise par la magie des mots. Elle est rare et cependant à portée de la main. Nous écrivons pour les intimes, car chaque lecteur est un intime. Aussi voudrions-nous être publiés, diffusés, traduits afin d'être accessibles à tous ceux qui, dans un livre, cherchent l'intimité.

Pour nous, la langue est liberté et loi. Peu importe qu'on change de langue, qu'on en apprenne une autre, qu'on acquière la connaissance de plusieurs, dans toutes les instances, chacune des langues possède sa loi, ses règles auxquelles on obéit, car, sinon, on tombe dans le mélange, la confusion et l'imprécis.

On peut distinguer plusieurs niveaux de langue. La langue abstraite, neutre, à la fois lexique et vecteur, qui traverse les frontières et qui peut, au cours d'une période, dominer. Mais la langue est également usage. Elle permet, dans la cité, l'échange et la communication. Elle possède alors une territorialité. La difficulté commence dès que l'on cherche à définir et à délimiter un territoire par la langue qui y prédomine. Les frontières sont franchissables, les changements possibles, mais, sur le plan politique, un problème de pouvoir surgit qui oppose majorité et minorité.

Le niveau de langue le plus étanche, le plus difficile à altérer, est celui de l'intimité. La langue qu'on a parlée enfant, qui a bercé l'attente, exprimé l'amour et la tendresse, permis de manifester la ferveur et la colère, établit ses frontières à l'intérieur de l'être et c'est pour elle que des hommes et des femmes peuvent se battre. C'est à ce niveau, celui de l'intime, que se situe la littérature, la poésie, la fiction, l'essai, lieu du passage de l'être à l'universel. On ne peut franchir cette frontière qu'en rejoignant une autre intimité. Ainsi, par la traduction, on établit le lien avec l'autre dans l'intime, dans le pli de l'être.

On confond souvent ces divers niveaux de langue. L'écrivain est le gardien de la langue de l'intime, car sans elle, la littérature se dissout dans l'anonymat.

Je répète. Il n'y a pas de petite littérature. Au Québec, nous vivons une réalité. Elle ne nous appartient pas en exclusivité, même si nous sommes les mieux placés pour l'exprimer. Nous disons notre humanité et ainsi nous disons l'humanité. Nous sommes une minorité ? L'humanité consiste en un ensemble de minorités. Tout écrivain appartient et s'adresse à une minorité et c'est le monde entier qu'il a en partage.

Des cultures disparaissent, se laissent envahir, submerger, se dissolvent dans des ensembles et le plus souvent dans l'anonymat. D'autres cultures résistent, survivent et s'épanouissent. C'est l'exemple de celle du Québec. Qui eût dit, voici trente ou quarante ans, qu'en l'espace d'une génération, nous disposerions de talents si nombreux, de voix si diverses en plus de nous doter d'institutions pour les encadrer, pour leur ouvrir les portes d'accès à un public, leur public, puis au monde ?

Une culture émerge, s'épanouit grâce à l'attente d'un public, mais elle ne peut exister sans la vitalité des créateurs. Cette volonté de vie n'explique certes pas entièrement la disparition de certaines minorités dans la résignation et l'abandon, ni le surgissement d'autres minorités dans l'élan et le perpétuel jaillissement des ressources d'expression. Les générations futures feront l'analyse de notre état et de notre condition et proposeront peut-être des réponses. Afin de reprendre la route, de poursuivre, contentons-nous de constater.

Les cultures, toutes les cultures, font face à la mondialisation des moyens de communication. Chaque nouvelle technologie donne naissance à une part de son contenu qui, avec le temps, devient une nouvelle dimension de l'expression, de la culture. Le journal quotidien de masse avait donné lieu au feuilleton où Ponson du Terrail avait comme collègue et concurrent Balzac. La radio a eu ses Beckett, Camus, Dylan Thomas et, plus près de nous, ses Yves Thériault et Marcel Dubé. Je n'ai pas besoin de parler du cinéma et il est, sans doute, trop tôt pour parler de la télévision.

Nous savons qu'il existe deux réseaux culturels qui circulent parallèlement à travers les frontières. Grâce aux nouveaux circuits de transmission, nous découvrons les paroles, les chants et les images de pays dont nous ne connaissions même pas le nom. Nous y avons accès. Tout dépend, désormais, de notre curiosité et de l'effort que nous sommes prêts à fournir.

Il existe un autre réseau, celui des produits anonymes, neutres, qui ne laissent entrevoir aucun particularisme, qui ne possèdent pas d'identité. On les qualifie, par simplification, de produits américains même quand ils sont produits au Japon ou au Brésil. L'écrivain ne traverse pas impunément la frontière qui sépare les deux réseaux, car on ne passe pas sans abandon de l'intimité à l'anonymat.

À des moments de découragement, alors qu'il peut avoir le sentiment que son œuvre est ignorée, que son apport n'est pas reconnu, que son effort n'est pas récompensé, l'écrivain peut rêver du circuit de l'anonymat qui, à défaut de gloire, lui offrira un refuge. Oui, la célébrité apporte des satisfactions, mais rien ne compense, personne ne remplace le lecteur qui reconnaît, qui va à la rencontre d'une intimité, la rejoint. Tout ce qu'on peut souhaiter est que ce lecteur se multiplie, qu'il égale en nombre l'armée des anonymes et que peut-être, miraculeusement, les deux réseaux se rejoignent sans que l'écrivain y perde sa substance.

Ce n'est sans doute qu'un rêve à l'heure où nous venons d'entrer dans un nouveau siècle.